김건표의 스타토크, 세상과 소통하다

인터뷰의 기술

인터뷰의 기술

김건표

다산서림

序文

『인터뷰의 기술』은 2008년도부터 언론사에 발표된 글들을 묶은 것이다. 세상과 소통한 시기로 보면 인터뷰 글들이 묵은 김치 같다. 인터뷰이 중에는 예능, 뮤지컬, 개그 프로, TV드라마에서 스타가 되신 분들도 있다. 현재에도 왕성한 활동을 하는 스타들이 대부분이다. 수록된 인터뷰 글은 70여 명이 대상이다.

필자의 전업은 연극비평. 인터뷰집으로 『한국연극의 승부사들』을 출간한바 있다. 그런데 사실 인터뷰 글을 책으로 묶을 생각을 하지 않았다. 연극하는 사람이, 스타들과의 인터뷰 글을 묶는다는 것이 쑥스럽기도 했다. 책장 한 편에 정리된 글들이 수북이 쌓여 있었고, 몇 년 전에는 글들이 아까워 자료집 형태로만 묶어두고 있었다.

인터뷰어를 시작하게 된 것은 우연한 기회였다. 워낙 글쓰기를 좋아하기도 했고, 방송사를 들락거리면서 만나게 되는 스타들과 대화를 하다가 글로 옮기고 싶다는 생각이 들어서이기도 했다.

이러저런 콘셉트로 한 언론사 국장과 친분이 있는 기자분께 인터뷰 방식을 설명하니 지면으로 살려보자는 얘기를 들었고 그렇게 시작하고 세상과 소통하게 된 인터뷰가 '김건표의 스타토크'이다. 당시에 스타들을 대상으로 전문적인 인터뷰를 하는 언론 지면이 없었고, 매일신문 주말판에 매주 1편씩 게재하는 고정 코너가 생기게 됐다. 3년 정도 매주 인터뷰를 하면서 글쓰는 법, 세상과 소통하는 다양한 방식들을 알게 됐으니 나로서는 큰 공부가 된 셈이다.

인터뷰 글은 전문성이 필요하다. '전문적인 글'이라는 것은 인터뷰 대상과 대화를 문장으로 나누는 방식인데, 이게 어렵다. 인터뷰이의 정보도 필요했고, 정보만으로 인터뷰를 채울 수도, 해결할 수도 없다. 인터뷰 글은 대화를 나누는 현장, 주제, 대화, 질문의 핵심 등이 날카롭고 선명하게 독자들에게 전달되어야 하기 때문이다. 그가 살아온 인생관도 동료처럼 기본적인 정보를 알고 있어야 한다. 때로는 인터뷰이들이 "저를 잘 모르시는데, 어떻게 인터뷰를 하세요" 하는 경우가 있기 때문에 대비를 해야 한다.

'김건표의 스타토크'를 진행하면서 문제가 생겼다. 한두 사람은 친분관계로 인터뷰를 할 수 있지만 매주 한 사람씩 인터뷰를 하고 글로 옮긴다는 것은 쉽지 않은 일이다. 첫 번째는, 대상자를 선정하더라도 인터뷰에 응할지가 불분명하다는 점, 두 번째는 인터뷰의 글과 문장이었다. 스스로가 글쓰는 방식과 체질을 바꾸어야 했다. 인터뷰에 관련된 책과 인터뷰 문장을 기술적으로 접근할 수 있는 책 50여 권을 읽고 체득했다. 그런데 그것만으로 해결되지 않았다.

이후에, 최보식 기자가 진행하는 '최보식의 직격인터뷰'의 글을 섭렵했고 그의 글을 닥치는 대로 읽었다. 그가 출간한 책 서너 권을 모조리 읽고 나니 구할 수 없던 한 권이 궁금해져 신문사로 전화를 걸었다. "저, 연극영화과 교수로 있고, 인터뷰를 진행하는 김건표인데, 최보식 기자의 책을 다 읽었습니다. 그런데 한 권을 구할 수가 없어서 그러는데… 읽을 수가 있을까요?" 최 기자가 전화로 자세한 안내를 해줘서 마지막으로 출판된 책까지 읽게 됐다.

이 과정에서 인터뷰의 원칙을 세웠다. 인터뷰의 문장은 현장과 같을 것, 즉 마치 독자들이 인터뷰 현장에 같이 있는 느낌이 들도록 문장 만들기, 두 번째는 질문을 구어체로 하되, 독자들이 궁금해하는 핵심 정보로만 구성할 것, 세 번째는 대화를 하는 인터뷰 형식으로 문장화하고, 질문, 답변 형식을 가능하면 피할 것.

인터뷰이들의 색깔이 다 다르고 대화 주제가 다르니 인터뷰 글로 옮겨지는 문장의 형식도 달라야 했다. 때로는 지문도 삽입하고, 내레이션도 넣어보고, 설명도 덧붙여도

보았다. '질문의 방식'이 가장 중요했고 두 번째로는 인터뷰이의 캐릭터를 문체로 살리는 것이 중요했다. 인터뷰의 내공이 쌓여갔고, 그런 시간이 흐른 뒤 인터뷰하는 문장은 대상자에 따라 다 달라지게 됐다.

'김건표의 스타토크'를 진행하면서 많은 분들이 기억에 남지만 그중에서도 방송인 김제동이 가장 기억에 남는다. 당시 한창 주가가 오르고 있었을 때인데, 방송국 로비 바닥에 쭈그리고 앉아 소탈하게 진심으로 인터뷰를 할 때가 기억에 남는다. 고인이 되신 레슬링 선수 이왕표는 부천에서 운영하는 레슬링 도장을 찾아가 인터뷰를 했는데, 대화 도중에도 레슬링의 여러 기술들을 직접 보여주며 인터뷰를 했다. 특히 개그맨 최양락은 당시에 라디오 등도 하차한 뒤였는데도 여의도 라이프빌딩 도로까지 나와서 기다리고 있었고, 웃음으로 인터뷰를 했는데 뼛속까지 개그맨이라는 생각이 들었다.

돌아가신 전유성 선배는 2007년에 책 『전유성의 구라삼국지』를 낸 뒤 인터뷰한 적이 있다. 그때 코미디시장 연습실이 대학로 한성아트홀 옆 국민은행 건물 지하였다. 인터뷰 약속을 하고서 시간에 맞춰 갔는데 안 계셨다. 두 시간이 지나 나타나신 뒤 첫마디 "난 인터뷰 잘 안 해. 할 얘기가 없어. 그냥 가도 돼."라고 하며 정말 괴짜 중에 괴짜임을 증명했다. 세 시간 동안 나눈 인터뷰는 진지했다. "달라야지 하는 강박이 있으세요?" 묻자 "어, 그런 것도 있어. 달라야 하지 않겠어?" 그러면서 "구라 잘 치는 것도 재산이야."라며 구라삼국지 강의를 했다. 역시 그의 개그감각과 구라는 10단 정도였다. 그날 기억에 남는 말은 "코미디도 음악이야. 태아한테 음악으로 태교를 하듯이, 표고버섯 재배 농가를 다니면서 표고버섯을 위한 코미디 음악회를 만들고 싶어"였다.

인터뷰 코너를 진행하게 되면서 한 친구는 MBC 출입증을 만들어줬고, 개그맨 장동민은 KBS에 출입하라며 자신의 신분증을 건네주기도 했다. 당시 대학이 대구 본교에 있었는데, 매주 KTX를 타고 방송국을 누비며 인터뷰를 했고 한 이틀은 인터뷰 문장에 매달려야 했다. 그렇게 묶여진 글과 책이 『인터뷰의 기술』이다. 책은 우연한 기회에 출간하게 됐다. 다산서림의 진우성 편집장과 통화를 하다가 "묵혀둔 글들이 있는데 아까워서요…"라며 책으로 내도 될지 물었는데 흔쾌히 "재밌을 것 같은데요." 하며 영원히 묵힐 글을 세상과 소통하게 일으켜 세워줬으니 감사의 마음이 크다.

이렇게 시작된 인터뷰가 소시민들을 대상으로 하는 '김건표의 행복 초대석'으로 이어졌고, 정치인과 사회 각계각층의 명사와 인터뷰를 하는 TBC의 '통(通)' 인터뷰를 3년 동안 진행했다. 그 뒤로는 연극인 인터뷰를 해왔는데, 500여 명이 되는 것 같다. 그분들한테 인생의 한 수를 알려줘서 고맙다는 인사를 전하고 싶다.

마지막으로 '김건표의 스타토크'로 세상과 소통을 하게 해준 매일신문 이춘수 편집국장에게 감사한 마음을 잊을 수 없다. 독자들도 웹툰처럼 읽으시길 바란다.

2025년 늦가을에
김건표

차 례

배우 신구
"배우에게는 끈기와 성실함이 중요…" __14

방송인 김제동
"자유롭게 보고 배우고 즐길 수 있는 대안학교 만드는 게 꿈" __16

뮤지컬 배우 전수경
"다시 태어나도 뮤지컬 배우를 하고 싶어요." __19

배우 장항선
"인생의 참맛을 봐야 멋진 연기를 할 수 있죠" __22

배우 정웅인
"빨리 가기보다는 천천히 숨 고르면서 마지막까지 웃어야지요." __24

MC 장인환
"전체가 어울리고 치우침 없는 MC 될래요." __27

개그맨 김한국
"진정한 코미디는 다시 그리워지는 것" __30

배우 조재현
"병원에서 체험한 감동과 아픔이 연기에 도움" __32

개그맨 김대희
"마음을 움직이는 코미디를 하고 싶어요." __36

배우 박윤배
"남들이 나를 사랑해 주는 배우가 진정 좋은 연기자" __39

배우 김애경

"같은 대사라도 자신의 색깔로 승화해야…" __ 41

개그맨 김준호

"캐릭터 특성 잘 유지해야 웃음 유발…" __ 44

개그우먼 강주희

"성대모사에서 자기화는 필수" __ 47

영화배우 이대근

"세상이 연극이고 무대… 자연과 함께하는 인간 이대근이고 싶어…" __ 50

탤런트 최주봉

"호응을 얻을 수 있는 캐릭터 창조를 위해 연습으로 승화…" __ 53

방송인 장광순

"고향 말을 한다는 게 참 좋아요." __ 56

방송인 이다 도시

"유행 때문에 스트레스 받지 마시고요. 모든 것을 즐기세요." __ 58

개그맨 김병조

"바르게 사는 게 선비고 양반 정신이죠." __ 60

탤런트 홍석천

"벽이 허물어지고 편견이 없는 그날까지 더 당당하게…" __ 63

배우 최동균

'방귀대장 뿡뿡이' 짜잔이형이 된 배우 __ 66

개그맨 이봉원

"코미디는 말의 재미보다는 콩트로 전달되는 배우들의 연기가 중요…" __ 69

개그맨 최양락

"코미디에도 철학이 존재… 그걸 지켜가면서 개그를 만드는 게 코미디언" __ 72

가수 김상혁

"운동을 하면 마음가짐이 긍정적으로 바뀝니다. 운동 꼭 하세요." __ 75

개그맨 김원효

"다양한 일을 해보고 경험을 해봐야 생각의 폭이 넓어져…" __78

탤런트 유인촌

"연극은 그냥 주어진 일이라고 생각하고 가는 것…" __81

개그맨 김쌤 김홍식

"로미오, 니 웬일이고 여긴 우짠 일로 왔노" __85

가수 신효범

'사랑하게 될 줄 알았어요'로 오랜 공백 깬 가수 신효범 __88

타고난 노래꾼 김건모

"인기를 위에 두고 곡을 만들고 싶지는 않아…" __91

배우 김병춘

"배우로서 선 위치에서 무엇을 담아서 어떻게 보여 줄 것인가가 더 중요…" __94

트로트계 사대천왕 설운도

"가수의 인격은 노래로 말하는 것… 인기보다는 늘 빈 마음으로 살고 있어요." __97

솔로 선언 전진

"노래로 승부하고 싶어… 이제는 가수 전진으로 인정받을 것" __100

개그맨 유세윤

"철저하게 역할에 몰입하는 코미디 연기자가 되고 싶어…" __103

가수 이용

'잊혀진 계절'의 잊을 수 없는 '오빠가수' __106

가수 조은

"노래를 듣는 분들이 위로를 받을 수 있도록 다양한 감정을 담아내고 싶어…" __109

남성 듀오 듀크

"정상에 선다는 욕심을 버리고 둘이서 좋아하는 음악을 평생 했으면…" __112

뮤지컬 배우 조승룡

"가장 세계적인 것은 결국 한국적인 색과 향이 담긴 공연" __115

가수 길건
'매트릭스 댄스' 선보인 '여왕개미' 길건 __ 118

아나운서 김병찬
"끊임없이 노력하여 시청자들이 신뢰하는 아나운서가 되겠습니다." __ 121

가수 별
"제 노래를 듣고 상처도 치유되고 마음도 밝아진다면 더 이상 바랄 게 없겠죠" __ 124

뮤지컬 배우 최정원
"다시 태어나도 당연히 뮤지컬 배우가 되고 싶어요." __ 127

혼성 3인조 거북이
"누구나 듣고 흥겨워하고 기분 좋아질 수 있는 노래 부르고 싶어…" __ 130

여성 듀오 걸프렌즈
"서로가 몸담았던 팀의 색깔을 담으려고 노력했어요." __ 133

가수 김도향
"마음과 정신까지 움직여 실천할 수 있는 음악이 나의 바람" __ 136

연극연출·극작가 이윤택
"연극은 각기 '다름'을 무대를 통해서 채워 넣는 작업…" __ 139

송승환
공연제작 프로듀서로 창작 뮤지컬 〈대장금〉 선보이는 송승환 __ 144

탤런트 신충식
"큰 배우가 되려면 등장인물의 모든 마음을 담고 표현할 수 있어야…" __ 147

개그맨 장동혁
"세일즈맨 인생경험이 인기 비결… 최선을 다해 일하는 게 즐거워…" __ 150

탤런트 황범식
"황범식만이 표현할 수 있는 등장인물을 연구하는 것이 내 즐거움" __ 153

개그맨 전유성
"구라 잘 치는 것도 큰 재산입니다." __ 156

배우 박해미

"무대는 내 삶에 있어 커다란 행복이자 에너지를 얻는 원동력" __ *160*

그룹 슈퍼주니어 강인

친근하고 유연하면서도 이름값만큼의 '강인'한 면모를 갖춘 스타 __ *163*

배우 최지연

"'동안 배우'보다 '확실한 연기력와 캐릭터를 갖춘 배우'가 되고 싶어…" __ *166*

배우 오달수

"죽음의 마지막 순간에 하는 연기가 정말 살아있는 연기가 아닐까요?
그 연기의 맛을 보기 위해 평생 배우로 살아갈 겁니다." __ *169*

개그맨 김기욱

힘들어도 웃음을 잃지 않는 사람이 되자 __ *172*

개그맨 윤택

개그맨보다는 희극 배우로 불리고 싶다 __ *175*

탤런트 안용준

"연기자가 다른 배우한테 자극을 받는다는 것, 그만큼 좋은 공부는 없어…" __ *178*

가수 송시현

뮤지컬 〈아킬라〉로 대중 곁으로 돌아온 가수, 작곡가 송시현 __ *181*

배우 정한용

정치인에서, 보통사람이 제일 잘 어울리는 배우로 돌아온 정한용 __ *184*

탤런트 최민용

"사람답게 사는 게 중요… 한 명의 '스타'가 아닌 진정한 배우가 되고파…" __ *187*

배우 이순재

배우를 넘어서고 있는, 이 시대의 진정한 아버지 같은 배우 __ *189*

뮤지컬 배우 이건명

"저 아저씨 이름이 일곱 명이래" __ *192*

정준하

"바보스럽다는 편견은 절 두 번 죽이는 거예요!" __ *195*

가수 김현철

"내 노래들 전부 내 자식들인데, 똑같은 마음으로 사랑해야죠." __ 197

성악가 최덕술

"정직한 예술가가 되고 싶어… 음악은 언어와 같아 솔직함 담아야 진실로 전달돼…" __ 200

음악인 배철수

"안녕하십니까? 배철숩니다." __ 203

개그맨 오지헌

"어려울수록 '희망'이 있어야… 기운 내시라고 빨간 내복 입고 거리에 나가…" __ 206

아역배우 김향기

천부적인 배우로서의 재능을 가진 아역배우 __ 209

코미디언 장동민

"그까이 꺼 대~충" 코미디언 장동민 __ 212

배우 신구

"배우에게는 끈기와 성실함이 중요…"

한 번쯤 꼭 만나보고 싶은 배우가 있었다. 독특한 음성에다 절절한 감정의 대사를 쏟아놓는 배우 신구. 그의 연기 하나하나가 시선과 청각을 꼼짝 없이 붙들어 맨다. 신구는 1962년에 연극 〈소〉로 무대에 첫 발을 내디딘 뒤 40년이 넘는 세월을 배우로 살아가고 있다. 그런 그가 배우 생활 44년 만에 첫 영화 주연을 맡았다. 영화 〈방울토마토〉에서 그는 철거 직전 판자촌에서 폐휴지를 모아 손녀와 함께 어렵게 살아가는 할아버지로 나온다.

"예전에 신상옥 감독 살아계실 때 치매 노인 이야기를 다룬 영화 〈겨울이야기〉에서 치매 노인 역으로 주인공을 했는데 극장에서 개봉을 못했어. 그 영화가 상영을 못했으니까 첫 주연은 이번 영화가 되는 셈이지."

그의 최대 장점은 철저하리만치 배역에 몰두한다는 것. 특히 배우로서 철저히 계산된 집중 상태를 보인다. "배우에게는 끈기와 성실함이 중요하지. 요즘은 옛날보다 더 재능 있는 친구들이 많이 나오는데도 오래 못 버티는 것 같아 아쉽더라고" 그는 후배 연기자들이 반짝 인기에 연연하기보다 연극을 통해서 성실성과 끈기를 배울 것을 주문했다.

하나하나 꼼꼼하게 모니터할 것 같은 그는 "내가 출연한 작품에 대해서 모니터를 안 해."라며 운을 뗐다. 의아스러워 다시 한 번 물었다. "남들은 배우가 자신의 연기를 봐야 단점을 고칠 수 있다고 하는데 난 내 연기를 보면 괴로워. 왜 저 정도밖에 못했을까 하고." 그는 연기에 대해 항상 만족하지 못한다고 했다. 모니터를 통해 단점을 보완하는 게 아니라 항상 단점이 있다는 마음가짐으로 연기에 임한다는 말이다. 연기생활 40년이 넘은 배우도 늘 연습과 연습 속에 살고 있는 것이다.

한평생 배우로 살아온 그가 뜬금없이 결혼 이야기를 꺼냈다. "내가 서른아홉 살에 장가를 갔잖아. 한창 연극에 미쳐있을 때인데, 그게 돈이 안 되잖아. 날 믿고 시집 온 사람에게 미안하더라고. 그래서 TV 드라마와 영화를 시작했지."

인터뷰 중간중간 잠시 자리를 비우는 사이에도 그는 쉴 새 없이 대사를 중얼거리고 수십 번 표정을 바꾼다. 배우 신구는 철저하게 등장인물로 살아간다. 알아보고 다가온 팬들에게 정성스레 사인을 해주고, 늘 한결같은 모습으로 함께 사진을 찍는다.

이번에 출연한 영화 〈방울토마토〉를 이야기했다. "저예산 영화들이 잘 됐으면 좋겠어. 사람냄새 많이 나는 휴먼영화가 더 많이 제작돼야 해. 진한 감동은 언제나 사람에게서 나오는 법이거든." 영화에 대한 그의 애정은 드라마와는 다른 것일까? "특별히 뭐가 좋다고 말하긴 어렵지. 내가 출연한 영화이건 드라마건 모두 잘 됐으면 좋겠어. 배우가 특정 장르를 구분하는 건 우습잖아. 배우 그 자체의 역할이 더 중요하잖아."

이제는 원로배우라는 호칭이 어색하지 않은 신구, 그의 건강관리 비결이 궁금했다. "요즘 걸어 다니면서 건강을 챙겨. 많이 걷고 움직일수록 좋은 것 같아서 가급적이면 차를 안 갖고 다녀." 이야기 도중 그의 녹화 차례가 됐는지 조감독이 찾으러 왔다. 한쪽 손에는 대본을 들고 다시 대사 연습에 몰두한다. 모니터에 비춰진 그의 모습은 등장인물 그 자체. 동대문시장에 어둠이 내려앉고 나서야 촬영이 끝났다. 그와 헤어지고 돌아오는 오랜 시간동안 배우 신구라는 이름이 너무나 깊고 큰 울림으로 남는다.

방송인 김제동

"자유롭게 보고 배우고 즐길 수 있는 대안학교 만드는 게 꿈"

김제동을 만나기 위한 두 번째 시도. 지난주에는 무작정 녹화장으로 찾아갔더니 생방송 1시간 전이라 도저히 못하겠다며 연신 머리를 긁적여댔었다. 이번에는 꼭 성공해야지. 마음 굳게 먹고 빗속을 뛰어 방송 2시간 전에 그를 찾았다.

약속시간을 조금 넘겨 김제동이 연습을 끝내고 나왔다. 터벅터벅 걸어 나오는 모습이 대학 캠퍼스에서 도서관으로 향하는 대학생 같다. 아주 편안한 티셔츠와 청바지 차림에 운동화로 마감하고 검은 뿔테안경을 쓰고 걸어오는 모습. 나름대로 검정색 가방으로 센스를 살렸다.

마땅한 자리가 없어서 대기실 차가운 복도에 자리를 잡고 앉아 인터뷰를 시작했다. 먼저 편안한 옷차림에 대해 물었다. 그는 여전히 사투리 섞인 톤으로 "좋은 옷 사서 입고 멋 부리는 게 익숙하지 않다."며 "좋은 옷들은 방송하면서 협찬해서 입고 평상시에는 예전과 다름없이 편안하게 입고 다닌다."고 했다.

김제동은 한 마디에서 또 한 마디를 옮기는 과정에서 진지한 표정으로 질문을 담아내고 다양한 시선으로 생각하고서는 매우 진지하게 답한다. 너무나 진지하고 예의가 바르다 싶어서 "가식적이지 않느냐?"고 물었더니 "가식이라도 진실로 몸에 배어 예의

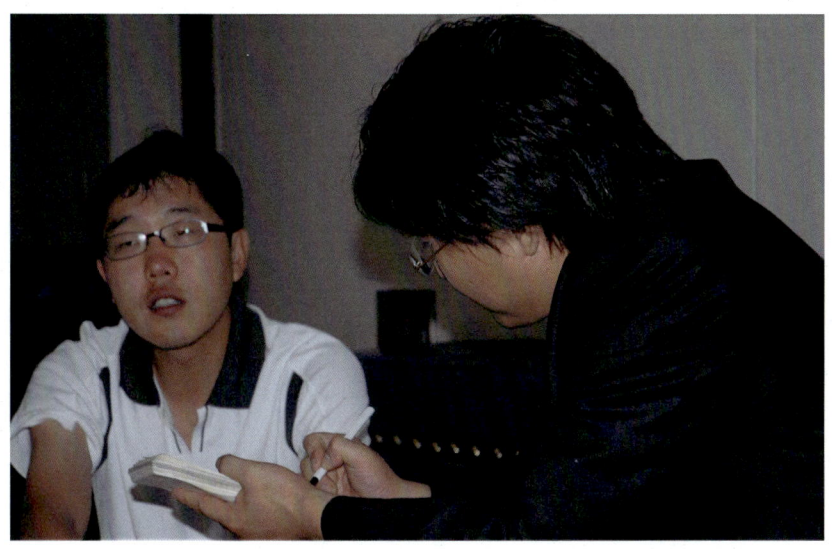

가 되고, 예절이 됐다면 그때부터는 가식이 아니라 진실인 거죠"라고 답했다. 일찍 아버지를 여의고 어머니와 다섯 명의 누나들과 살아오면서 예의 없다는 소리를 듣지 않도록 유난히 엄한 가르침을 받았기 때문에 아예 몸에 밴 습관이란다.

김제동은 단순하게 말을 잘하는 것 같지 않은 듯했다. 뚜렷한 자신의 철학을 갖고 철저하게 객관적으로 세상을 바라보는 것 같았다. 냉소적으로 자신을 관찰해서 얻는 진지함과 냉정함으로 쌓아둔 삶의 지혜와 지식을 쏟아내는 것 같았다.

"요즘은 5일을 녹화하고 시간이 있을 때마다 등산을 하고 야구를 해요. 삼각산을 오르는데요. 처음에 산을 오를 때는 내 자신이 무겁고 답답해 무엇인가 덜어 버리려 했는데 산에 가까이 할수록 생각이 없어지더라고요. 그래서 요즘은 아무 생각 안 하고 산을 올라요." 무거움이 담겨있는 말이다. 담으면 담을수록 채울 수 없고, 비우면 비울수록 담을 수 있다는 것을 느꼈다는 건 그가 결코 가볍지 않은 사람이라는 걸 반증하는 셈이다.

개그맨인지, 방송인인지 물어봤다. 깊게 생각하고 시선을 두 번 옮기더니 진지하게 답한다. "개그맨은 저처럼 재능이 없으면 못해요" 재능이 없다니 무슨 말인가. "개그맨은 연기도 잘 해야 되고 정말 만능이 돼야 하죠. 전 그런데 그렇지는 못해요. 천생 레크리에이션 강사가 체질인 것 같아요. 큰 홈구장에서 수천 명이 모인 데서 마이크를 잡고 떠들어야 딱인데…. 그런데 시청자들이 절 좋아해 주시니 감사할 뿐이죠" 차가운 복도 바닥에 쭈그리고 앉아 두 손으로 다리를 감싸 안고 말하는 그의 모습에서 개그맨도, 방송인도 아닌 인간 김제동의 모습을 보았다.

"방송활동을 그만두거나 좀 넉넉하고 여유가 있을 때 대구에서 대안학교를 세워보고 싶어요. 학교를 세워서 학생들고 마음껏 레크리에이션도 하고 자유롭게 보고 배우고 즐길 수 있는 학교를 만드는 게 제 꿈이죠. 교장이 직접 마이크 잡고 사회를 보면 신선하지 않나요" 대안학교 얘기가 나오자 그 꿈이 가까이 있는 듯 학교를 머릿속으로 그리면서 마음은 운동장을 향하고 있는 듯했다.

꿈을 실현시키는 데에는 제법 돈이 많이 들어갈 것 같아 그의 재테크가 궁금해졌다. "전 재테크 안 해요. 가장 좋은 재테크가 있다면 지출을 줄이고 저축하는 겁니다. 방송해서 버는 수입 전부 어머니 통장으로 들어가요. 전 아직도 어머니한테 용돈 받아 쓰는데요."

한 20분 정도면 끝날 줄 알았는데 한 시간이 금세 지나갔다. 김제동은 대구분들에게 인사를 건넸다. "제가 대구에서 MC를 볼 때나 방송을 할 때나 듬직하게 힘이 되어 주신 고향 모든 여러분, 정말 감사하구요. 정말 열심히 해서 대안학교 꼭 짓고서 고향으로 달려갈게요" 한다. 아무리 잘 나가는 방송인이 되었어도 인간 김제동은 변함없는 인간으로 늘 그 자리에 있는 듯했다.

뮤지컬 배우 전수경

뮤지컬 배우 1세대… 수상 경력 화려
"다시 태어나도 뮤지컬 배우를 하고 싶어요."

서울 잠실의 세로테씨어터에서 〈맘마미아〉 공연을 하고 있는 뮤지컬 배우 전수경을 만났다. 우리나라 뮤지컬 1세대로서 꾸준하게 뮤지컬 무대를 지켜오며, 뮤지컬 산업을 얘기할 때 빠지지 않는 이름이다. "〈맘마미아〉를 좋아하는 이유요? 아바의 노래에 살을 입혀서 중년 여성들의 사랑과 우정을 그려낸 〈맘마미아〉 드라마가 주는 메시지가 40대에 접어든 저하고 공감대가 맞기 때문이라고 말할 수 있죠."

대구에서 20만 관객을 돌파한 가운데 아직도 식지 않은 열기로 무대에서 관객들을 만나고 있는 〈맘마미아〉를 두고 그는 "전 세계 모든 여자분들한테 해당할 수 있는 아름다운 추억들을 얘기하고 있어 사랑받을 수밖에 없다."고 말했다. 1998년 대학가요제에서 〈말해〉로 동상을 받은 적이 있는 그는 그동안 음악활동을 거의 안 한 데 대한 아쉬움이 있는 듯 "1집 앨범이라도 낼걸 그랬나 싶어요."라며 웃었다.

빼어난 가창력에 감칠맛 나는 연기력까지 더해져 관객들을 열광하게 만드는 데 자신감을 가진 그는 음악 대신 당시엔 정착되지 않은 뮤지컬 배우로서의 삶을 선택한 것. 천부적인 기량을 바탕으로 1990년 뮤지컬 〈캣츠〉, 〈웨스트 사이드 스토리〉 등 굵직

한 뮤지컬 작품에서 그는 이름을 떨쳤다. 〈키스 미 게이트〉, 〈시카고〉, 〈넌센스2〉, 〈브로드웨이 42번가〉, 〈아가씨와 건달들〉, 〈그리스〉, 〈라이프〉 그리고 〈맘마미아〉까지 그의 이력은 빼곡하다.

　　뮤지컬 대상에서 그가 받은 여우조연상과 주연상을 합쳐 수상경력도 화려하다. 뮤지컬 배우 1세대로 살아온 그는 "너무 행복하죠. 1세대들이 많이 일궈 놨으니 그나마 다행이라고 생각해요. 뮤지컬 시장이 넓어지고 다양해졌기 때문에 많은 사람들이 지금은 문화 속의 커다란 부분으로 뮤지컬을 즐기고 얘기하는 분위기가 된 거죠"

뮤지컬과 교수직도 맡고 있는 그는 올해만 해도 뮤지컬 출연에다 영화를 세 편이나 찍었다. 얼마 전 촬영을 끝내고 개봉을 준비 중인 영화 〈가루지기〉에 등장한다. 영화 제목만 듣고서는 그의 역할을 알 수 없었다고 말하자, "옛날에 변강쇠 가루지기를 퓨전사극 현대판으로 만든 것으로 성문화를 통한 성장 스토리인 셈"이라고 말했다.

그녀는 공연 전에 몸풀기를 하고 꼭 샤워를 하는 습관이 있다. 몸에 수분이 전달되면 배우로서의 감각이 깨어난다고 그 이유를 말한다. 공연 전 커피 한 잔도 빠뜨리지 않는다. 카페인으로 몸을 달군 다음에 분장실에서 다른 배우들하고 즐겁게 대화하면서 기분을 워밍업 시킨다는 것.

"연출은 무대에 아무리 잘 만들어 작품을 내놔도 아쉬운 점이 많은 것 같아요. 스스로도 많은 경험이 돼준 작품입니다." 〈메노포즈〉라는 작품으로 연출가로도 데뷔한 그의 변이다. 대구에서 20만 관객을 돌파하고 서울로 입성한 대구 토종 뮤지컬 〈만화방 미숙이〉의 대학로 진출에 대해 그는 "매우 긍정적이라고 생각해요. 사실 브로드웨이에서 직접 올리지 않고서도 지방 투어를 통해서 작품들이 다듬어지고 질도 높아질 수 있거든요. 대구의 뮤지컬 시장은 좋습니다. 그래서 앞으로 대구 공연을 기점으로 성공하는 작품들이 많을 것 같습니다."고 말했다.

"상반기에는 뮤지컬에 주력할 생각입니다. 뮤지컬 배우로서 연기 욕심이 많아 다양한 작품 활동을 이어갔으면 해요"

공연 시작을 알리는 소리가 들리면서 그는 노래로 관객들의 이목을 사로잡았다.

배우 장항선

"인생의 참맛을 봐야 멋진 연기를 할 수 있죠."

〈태왕사신기〉로 제2의 전성기를 맞는 탤런트 장항선. 아직도 그를 한 시대를 풍미한 전쟁 드라마 〈전우〉의 '장 하사'로 기억하는 사람들이 많다. 1970년 KBS 탤런트 공채 9기로 방송에 발을 디딘 그는 40여 년 동안 수십 편의 드라마와 영화를 넘나들며 시청자들에게 웃음과 눈물을 안겨주었다.

지난해 MBC에서 최고의 시청률을 기록한 사극 〈태왕사신기〉에서 '흑개장군' 역을 맡아 20kg가 넘는 갑옷을 걸쳐 입고 말에서 여러 번 떨어지는 등으로 연기 투혼을 보인 그를 그의 고향인 대전에서 만났다.

극중에서는 거칠고 강한 이미지였지만 이날은 겸손하고 따뜻한 이웃아저씨처럼 느껴졌다. 그는 첫 출연했던 드라마 〈전우〉가 떠오르는 듯 "그땐 젊었죠. 트럭에 부딪혀도 아픈 줄 몰랐거든요. 요즘엔 다치면 쉽게 회복이 안 되는 것 같아요."

"배우로서 성공해야겠다는 생각보다는 내가 가야 할 길이 이 길뿐이니까 최선을 다한 거죠." 배우로서 성공하겠다는 생각보다는 열심히 배우 생활을 해야겠다는 생각으로 살아왔다는 그는 "이미지로서가 아니라 혼을 담고 배우의 정신을 반듯하게 지켜나가는 후배들이 많이 나왔으면 하는 바람"이라고 말했다.

"배우로서 끊임없는 노력과 집념이 수십 년 동안 시청자의 마음을 잡아두고 있는 것 같습니다."고 자평하는 그는 중학교 때부터 배우의 꿈을 키웠다. 영화관이 많지 않았던 시절에 봤던 몇 편의 영화가 배우의 길을 걷도록 한 것 같다고 말한다.

"1970년대만 해도 배우라는 직업이 개인의 의지로만 해서 이뤄지는 것은 아니었죠. 잘생긴 사람들만 배우를 하던 때였죠. 나같이 서민적으로 생긴 사람이 배우가 된다는 것은 쉽지 않았습니다." 당시 탤런트가 되기 위해 방송사 공채 시험에 도전, 두 번 떨어진 전력도 털어놨다. 그래도 포기하지 않고 KBS 공채 시험에 응시, 주연·백윤식·황범식 등과 함께 합격했던 것.

"난 배우가 돼 연기를 하고 싶었고, 열심히 할 수 있는 마음의 준비가 돼 있었어요." 배우로서 그의 도전정신은 눈물 그 자체였다. "당시에는 먹고살기 힘들었잖아요. 여기서 낙오자가 되면 더 이상 갈 곳이 없다는 생각으로 혼신의 힘을 다 쏟았죠. 늘 처음이자 마지막이라는 생각으로 촬영에 임했습니다."

그는 시청자들에게 다가설 수 있었던 첫 작품으로 드라마 〈전우〉를 꼽는다. "운전하는 사람이 적었던 시절, 드라마에서 운전 수송병이 필요했고 액션 촬영이 많은 만큼 운동신경이 발달한 사람이 필요했죠. 그 두 가지를 다 갖춘 내가 선택된 거죠." 당대 최고의 국민적 드라마였던 〈전우〉에 이어 TV문학관 〈단독강화〉 등 연달아 주인공을 맡으면서 배우로서, 탤런트로서 제 모습을 갖춰가는구나 싶었는데 미남이 아니다 보니까 사랑하다가 죽는 역할만 맡게 됐다며 웃는다.

배우가 된 아들을 두고서는 "처음엔 반대도 많이 했어요. 중앙대 연극영화과를 가면 배우를 할 수 있도록 하겠다고 말했더니 합격한 거예요." 〈태왕사신기〉에서 아들 '달구' 역을 맡은 김혁이 실제 둘째아들이라는 사실을 종영 시점에 밝힌 그는 "아버지 영향으로 방송한다는 소리를 듣는 게 부담됐는데 열심히 해줘서 고마울 따름이죠."

"배우는 눈물 젖은 빵도 먹어보고, 가슴이 아릴 정도의 아픔도 겪어봐야 해요. 인생의 참맛을 느껴봐야 멋진 연기를 할 수 있다는 얘기죠."

배우 정웅인

"빨리 가기보다는 천천히 숨 고르면서 마지막까지 웃어야지요."

올해 개봉되는 영화 〈산타마리아〉 로케 촬영 때문에 대게의 고장 '영덕'에서 두 달여 동안 꼼짝없이 갇혀 지낸 배우 정웅인. 그가 그동안 〈세 친구〉, 〈두사부일체〉, 〈투사부일체〉, 〈조용한 가족〉에서 보여준 캐릭터 때문일까? 그와의 대화는 유쾌하고 즐겁다. 촬영을 끝내고 딸 키우는 재미에 푹 빠져서 사는 그를 만났다. 그는 대구와 인연이 깊다. 그가 가장 사랑하는 아내의 고향이 대구다. "처갓집이 지산동 근처예요. 반갑습니다."며 말을 건넸다.

그의 얼굴을 천천히 올려다보면 그는 타고난 배우의 얼굴을 하고 있다는 것이 느껴졌다. 그의 말투는 맺고 끝남이 분명하지만 굵고 가느다란 소리가 잘 공명돼 특유의 소리향으로 다가온다. 촬영장 이야기부터 꺼내들었다.

"배우한테는 최상의 컨디션을 유지하는 게 중요해요. 이를 위해서 촬영 없는 날이면 회도 실컷 먹고 자전거를 타고 이곳저곳을 다녀요. 하하하."

그는 배우의 캐릭터에 대해서 말을 꺼낸다.

"배우의 캐릭터는 출연 작품의 성공에 따라서 달라지는 것 같아요. 수많은 인물들을 창조하고 표현했지만 많은 분들은 가장 많이 본 캐릭터를 생각하세요. 제가 추구하

는 배우로서의 방향과 변화는 코믹적 요소가 아닙니다."

배우 정웅인은 코믹과 즐거움의 연기적 표현의 경계를 자유자재로 표현해내는 배우이지 코믹한 배우는 아니다. 마음이 아프고 저려 와도 그것을 깊숙하게 숨기고 즐거움으로 표현하는 데 탁월한 사람이다.

이번 영화에서는 고정된 이미지를 벗어던졌다고 말한다. "정영배 감독이 저의 다른 모습을 봤나 봐요 이번 작품에서 색다른 연기의 맛을 느껴 봤으면 하는 바람입니다. 그동안 인식된 저의 캐릭터를 뒤집어놓은 거죠. 그러면서도 균형감을 잃지 않도록 했어요. 오히려 더 진지하면서도 무겁지 않은 주인공 '일도'의 역할을 표현해 내려고 했어요."라며 웃었다.

배우로서 묻어나오는 코믹적 이미지를 벗어내고 싶지 않은지 물었다. "가장 평범한 연기가 가장 어려운 연기입니다. 극단적인 감정을 쏟아내는 역할을 배우에게 오히려 쉬울 수 있어요. 배우로서 캐릭터 변신에 고심하기보다는 어느 작품이든 주어진 캐릭터를 녹여낼 수 있는 배우가 더 중요하다고 생각합니다."

그는 TV를 통해 얼굴이 알려지기 전부터 늘 무대와 함께 있었다. 지금도 그는 연극 무대를 기다리고 있다고 했다. "단순하게 쉬고 싶어서 무대를 밟고 싶지는 않아요. 바쁜 시간을 쪼개가면서 연극을 한다면 그것은 연극을 대하는 게 아니라고 생각합니다. 시간을 내서 산에 천천히 올라가는 것처럼 소중히 연극을 대하면서 무대를 밟고 싶은 마음이죠."

한국영화 얘기로 넘어갔다. "몸값을 낮춘다고 영화가 다 잘 되는 것은 아니라고 생각합니다. 한국영화를 살리기 위해서 무턱대고 출연료를 낮추는 것보다는 배우한테도 출연 영화에 대해 더 애착을 갖게 만드는 다양한 명분과 제도들이 있으면 더 좋지 않을 까 생각합니다."

마지막으로 그에게 배우로서 인생관이 무엇인지 물었다. "목표점에 가장 빨리 달려가기보다는 돌아가고 멈추면서 숨을 고르고 달려가는 게 더 중요하다고 생각해요. 마지막까지 웃기 위해서 말이죠. 천천히 가지만 언제든지 속도를 낼 수 있는 준비가 필요하겠죠."

MC 장인환

"전체가 어울리고 치우침 없는 MC 될래요."

"안녕하세요 즐거운 오후 2시에 장인환입니다. 나른해지는 오후 즐겁게 달려봅시다."

대구·경북의 대표 MC 한 사람을 꼽으라면 주저 없이 장인환을 이야기한다. 라디오를 통해 청취자들과 만나온 세월이 10년이 넘는다. 오랜 세월 입담을 자랑한 덕에 브론즈마우스상도 받았다. 내성적이지만 마이크만 잡으면 성격이 180도 바뀌어 버리는 그와 만났다.

그는 횟집을 운영하고 있다. 가게에서는 직접 악기를 연주하면서 노래도 부른다. 마이크를 잡고 하모니카를 불면서 분위기를 돋우어 낸다. 손에 들려있는 기타에서는 구슬픈 노랫말이 흘러나온다. 술과 싱싱한 회에 취하는 게 아니고 그의 화려한 말솜씨와 연주 소리를 들으면서 감정에 취한다. 갑자기 노래가 끊기더니 "아줌마 7번 테이블 손님이 불러요." 한다. 그의 탁월한 유머 감각에 또 한 번 웃는다. 마이크를 잡고 무대에 선 게 1만 5천 회를 넘어섰다.

1992년도부터 본격적으로 이벤트 MC를 시작한 그는 다음해에 '우리가족무대'라는 프로그램을 통해서 방송 데뷔했다. "대학 시절 MC를 하던 친구를 보면서 '아~, 나도

한번 해봐야겠다'고 맘먹고 뛰어들었죠. 전 타고난 마이크 체질이었나 봐요. 레크리에이션이라고는 배워본 적이 없지만 적절한 유머에 게임과 노래까지 마이크만 잡으면 술술 흘러나오는 거예요. '아, 이건 내 업이구나'고 그때 생각했죠."

체질도 딱 무대 체질이다. '수줍고, 소심하고 내성적이기 그지없는 성격'이라고 강조하는 그가 마이크만 잡으면 다른 사람으로 돌변하니 말이다.

뛰어난 진행자는 어떤 사람일까? 그는 한참을 생각하더니 입을 열었다. "웃음을 주는 것으로는 부족합니다. 진행자는 말을 전달하는 사람이에요. 의미 있는 말을 던지는 것도 중요합니다. 또 전체가 어울릴 수 있도록 치우침 없이 프로그램을 유도해나가는 것도 MC의 역할이겠지요."

늘 긴박감이 감도는 방송생활에 스트레스는 없는지 물었다. "매번 잘 해야 한다는 강박관념이 있어요. 잘 해야 한다는 게 스트레스인 셈이죠."

그러면서 자신의 스트레스 해소법을 소개했다. "노래방에서 정말 미친 듯이 신나게 놉니다. 악기도 총출동되고 제가 부를 수 있는 노래를 다 부르죠."

악기도 독학으로 터득하는 그는 요즘은 트럼펫 연습하는 재미에 푹 빠져서 지낸다고 했다. 그의 취미는 세 가지다. 악기 연습, 사진 촬영, 그리고 양말 모으기다. 단연

압권이 양말 모으기. "예전에는 양말을 종류별로 다 모았어요. 모양, 색, 디자인이 다른 양말을 모으는 거죠. 양말 색하고 옷 색상하고 맞춰서 입습니다." 그러면서 자신의 양말을 보여줬다. 분홍색 티셔츠에 캐릭터가 그려진 분홍색 양말, 정말 똑같다. 30초를 그대로 웃었다.

앞으로는 따뜻하고 인간적인 모습의 진행자가 되고 싶다는 장인환. "옛날에는 재미있는 말을 많이 했는데요. 이제는 의미 있는 말을 나누려고 해요. 늘 최선을 다하면서 청취자들을 만나려고 합니다. 많은 분들께 웃음을 드리기 위해서 더 연구할게요."

한 가지에 푹 빠지면 헤어나올 수 없을 정도로 집중하는 웃음 전도사 장인환. 하모니카를 입에 물고서 연주를 하는 그 모습이 듣는 사람의 마음을 밝게 만든다.

개그맨 김한국

"진정한 코미디는 다시 그리워지는 것"

16년 전, 김미화·김한국 명콤비의 유행어가 있었다. 1986년 KBS 2TV '쇼 비디오자키'에서 방송돼 선풍적인 인기를 모았던 '쓰리랑 부부' 코너는 초등학생들은 물론 동네를 누비던 강아지의 눈썹에까지 검정 테이프를 붙이게 만들었던 인기 최고 코너였다. 순악질 여사 남편으로 당대 최고의 인기를 누린 코미디언 김한국을 만났다. 그는 여전히 바쁘다. 젊은 개그맨들이 출연하는 코미디 프로에는 볼 수 없지만 다양한 프로그램에 출연하는 그의 활동 영역은 넓고 크다. "그때 그 코미디가 그립네요."라고 물었더니 그가 털털하게 웃는다.

"진정한 코미디는 잊혀지는 게 아니라 그리워지는 코미디예요. 좋은 코미디는 드라마가 주는 감동 이상을 줍니다." 그의 말 한마디에 고개를 끄덕였다.

그는 요즘 바쁘다. 방송 활동을 제외하고는 글 쓰는 재미에 푹 절어서 지낸다. 웃음 관련 칼럼도 쓰고 책 낼 준비에 정신이 없다. "글을 읽으면서도 보고 웃는 이상의 감동을 줄 수 있는 유머집을 내려고 해요. 머릿속에는 숱한 코미디 아이템이 가득 차 있어요. 이걸 꺼내서 남겨놔야겠다는 생각을 하고 있는 겁니다."

대선 정국에도 MB 지원 유세에 그는 바쁘게 전국을 뛰어다녔고 결과는 좋았다.

정치에 관심이 있는 건가? 돌아오는 대답은 '노(NO)'였다. "정치의 관심이 아니라 문화예술에 갖는 관심 때문에 그런 겁니다. 문화도 중요하지만 연예인들도 해야 할 일들이 많아요. 이 분야에도 복지가 필요하고 다양한 문화도 필요합니다. 그런 것을 잘 이해하고 있는 분이라 생각해서 도와드렸던 것뿐입니다."

그는 연예인들도 고령화되기 때문에 연예인들 복지 차원에서 관련 협회나 단체에서 꾸준한 지원 정책이 나와 주어야 한다고 했다.

"왕년에 스타이셨던 선배님들이 다들 잘사시는 것은 아니에요. 물론 부족함이 없는 분들도 많아요. 하지만 반드시 도와드려야 하는 많은 분들이 생존해 계시고 있는 것에 관심을 가질 필요가 있습니다. 쓸쓸한 노년을 보내신다면 우리가 함께 해드려야죠."

연예인들이 무슨 복지 문제에 마음을 둘까 생각하겠지만 절대 그렇지 않다고 말한다. 그는 희극인 실장과 연예 관련 협회일 등 궂은 살림을 오랫동안 맡아오면서 복지 차원의 기금 마련이 중요하다고 한다.

"다양한 기금 마련이 되고 있지만 후배들 스스로 자발적인 기금 마련이 중요하다고 생각해요. 예들 들어서 연예인으로 협회 등록이 되어 있는 분들이 출연료 1%만 적립하고 이것을 투명하게 사용한다면 좋잖아요. 자신을 위한 게 아니라 다른 분들을 위한 소중한 모금이니까 감동스럽고 훈훈하잖아요. 꾸준하게 시행할 필요가 반드시 있다고 생각해요." 그는 전통 코미디가 반드시 부활할 거라는 확신을 가지고 있다고 말하면서 마지막 말을 얘기한다. "제가 운전면허증이 없어서 늘 대중교통을 이용해요. 많은 분들이 절 보시면 그때 그 코미디를 다시 보고 싶다고들 말씀하세요. 노병은 죽지 않았습니다. 또한 코미디는 사라지지 않아요. 여러분께 감동이 있는 훈훈한 웃음을 드리기 위해서 늘 노력하겠습니다."

배우 조재현

"병원에서 체험한 감동과 아픔이 연기에 도움"

MBC 수목 미니 시리즈 〈뉴하트〉에서 강렬한 연기로 시청자들의 시선을 사로잡고 있는 조재현. 거침없이 쏟아져 나오는 그의 힘있는 연기가 브라운관을 뜨겁게 달궈 놓고 있다.

밤 9시 촬영 중인 그를 찾았다. 얼마나 혼신을 다해 등장인물에 집중했는지 거친 숨을 몰아쉬고 나지막한 목소리에는 감기 기운도 감돈다. 머릿속에는 질문할 것들이 가득했건만 그의 낮고도 명료한 목소리를 듣자 무슨 말부터 꺼내야 할지 잠시 주춤했다.

〈뉴하트〉가 방영된 다음날이면 어김없이 곳곳에서 조재현을 이야기한다. 시선 하나에 미세한 움직임에도 감정을 담아내는 배우다. 최강국이라는 인물 창조를 위한 특별한 연습 과정이 있었냐고 질문을 던졌다.

"특별한 연습은 없었어요. 다만 작가가 어떤 의도로 이 작품을 썼고, 어떤 메시지를 전달하려는지를 정확하게 이해하려고 노력했을 뿐입니다. 배우로서 의학 공부는 한계가 있어요. 대신 수술하는 모습을 직접 보고 병원 진료를 참관하면서 역할에 대해 서서히 이해하려고 했습니다."

그는 실제 모델인 이영탁 교수와 그가 맡은 최강국이라는 등장인물을 일치시키기 위해 신생아 중환자실에서 체험한 것이 중요했었다고 했다. "심장병 수술을 받았던 어린아이들 모습을 봤을 때 제 마음이 많이 아팠습니다. 그때 제 가슴에 밀려온 감동과 아픔들이 연기하는 데 큰 도움이 됐지요."

조재현을 이야기할 때면 '연극'이 빠질 수 없다. 그와 연극과의 인연은 참 질기다. 경성대학교 연극영화과를 나온 그는, 대학을 졸업할 즈음에 극단 '종각'을 만들기도 했다. 연극 이야기만 나오면 그의 표현도 강렬해진다.

"연극은 특별함이 아니라 삶의 일부입니다. 제 활동에 대해서 거창하게 얘기할 것은 없는 것 같아요. 활동 무대에 대한 저의 자유로운 성향이 연극, 영화, TV드라마의 경계를 생각하지 않는 겁니다. 특성이 다른 것뿐이지 배우로서 연기를 표현하는 차이는 없어요. 활동 영역도 배우로서의 자유로운 선택이라고 생각해요. 그 생각에는 변함이 없어요. 앞으로도 제 활동 영역은 똑같습니다."

그래도 그를 연극으로 다시 한 번 강하게 끌어들인 계기가 있었다. 2001년 무대에 올렸던 피터 셰퍼 작 〈에쿠우스〉에서 주인공 알런 역을 맡아 배우의 광기가 어떤 것이라는 것을 관객들에게 제대로 보여줬다. 그는 이 작품으로 인해 연극무대에 갖는 애정이 좀더 확고해졌다고 했다.

"연극무대를 놓지 못하는 이유는 이 작품 영향이지요. 지금 연극의 제작자로 '연극열전 2'에 쏟는 애정도 자연스럽게 형성이 된 것이고요. 영화 산업은 거대 시장논리로 움직이다 보니 얼마나 수익을 올렸나에만 관심이 집중됩니다. 하지만 연극은 달라요. 이익을 떠나서 관객들하고의 직접적인 만남에서 생각해 본다면 배신감은 적지요. 연극은 과정 속에서의 작은 행복이 있기 때문에 절 무대로 잡아당기고 있는 거라고 생각해요."

'연극열전 2'는 말 그대로 다양한 연극 작품들이 2009년 1월 4일까지 이어지는 연극열전 릴레이다. 작품도 다르고 배우들도 다 다르다. 연극을 통해서 스타들을 만날 수 있다는 장점, TV로만 봐왔던 그들이 연기를 연극무대를 통해서 직접적으로 감상할 수 있다는 것에 큰 의미를 담는다. 동숭아트센터와 대학로에 있는 소극장에서 15편 이상의 연극이 무대에 오른다.

그 중심에 그가 있다. 조재현은 '연극열전 2' 총기획자로서의 역할을 자청하면서 스타들을 연극무대로 집결시켰다. "대학로의 연극이 달아오를 것 같은데 성공에 자신이 있습니까?" 묻지 않으면 안 될 것 같아서 질문을 던졌다. 그의 대답이 날카롭게 돌아온다.

"어느 정도 자신이 있습니다. 주변에서 많은 스타 배우들을 동원해서 대학로 연극무대를 오히려 힘들게 하는 것 아닌가 하는 우려도 많지만 그런 분들께 제가 꼭 하고 싶은 얘기가 있어요. 뮤지컬 시장은 상승세인데 연극은 그렇질 못하잖아요. 관객들의 관심을 다시 정통 연극으로 돌려놓을 만큼 강한 흡입력 있는 계기가 있어야 한다고 생각합니다. 새롭게 돌파구를 찾고 연극에 다시 불을 지피고 있는 게 연극열전입니다."

그는 대단한 흥행을 기대하진 않았다. 동숭로가 연극 관람객들로 인산인해를 이루는 그런 꿈은 아예 꾸지 않는다. 그도 알고 있다. 연극열전이 크게 히트하더라도 크게 바뀌는 것은 없으리라는 것을. 그는 연극에 대한 작은 기억을 관객의 뇌리에 심어줌으로써 연극을 보는 재미를 알게 하는 것만으로도 중요한 의미를 가진다고 강조했다.

'연극열전 2'를 통해서 새로운 연극을 표방하고 나선 조재현에게 작품과 연출성, 그리고 배우들의 역할에서 가장 중요한 고려 사항은 무엇인지 물었다.

"다 중요하다고 생각합니다. 연극은 웃음, 감동, 재미 삼박자가 맞아야 합니다. 첫 번째는 재미입니다. 진지하면서도 재미와 감동을 줄 수 있어야 한다고 생각합니다. 〈경숙이 경숙이아버지〉는 재미와 감동이 있었잖아요. 추상미 씨가 하는 〈블랙버드〉 연극은 집중하는 재미가 있어요. 긴장감을 유지하는 것도 연극의 맛입니다. 재미 없이는 관객들도 흥이 나질 않습니다."

브라운관과 영화판을 뛰어다니기만도 바쁠 텐데 왜 고집스러울 만큼 연극무대를 지키고 있는지 물었다. "연극을 지킨다는 생각은 안 합니다. 연극에 대한 사명감이 아니라 제가 좋아서 하고 있는 겁니다. 연극은 다른 산업에 비해서 가능성이 있습니다."

뜻밖의 반응이었다. 고개를 갸우뚱했더니 그가 말을 잇는다. "제가 경숙아버지 역을 맡았던 연극 〈경숙이 경숙이아버지〉를 통해서 연극의 가능성은 무한히 열려있다는 것을 새삼 느꼈습니다. 한두 작품을 통해서는 도움이 안 될 수 있고, 대학로를 연극열기로 가득 담아낼 수는 없죠. 그래서 끊임없이 새로운 작품을 만들고 관객들을 만나자고 생각한 겁니다. 저를 통해서 연극 붐이 이루어진다면 사명감은 그때 느끼고 싶네요."

재능이 넘치는 연기로 시청자들의 마음을 움직이고, 연극무대를 강렬하게 달구어 놓는 배우 조재현. 그를 만나면 그를 좋아하고 사랑하게 될 수밖에 없어 보인다. 그리고 결국에는 그의 팬이 되고 만다.

개그맨 김대희

"마음을 움직이는 코미디를 하고 싶어요."

내년이면 10년차 개그맨이 되는 김대희는 올해 KBS 연예대상 코미디 부문 최우수 상을 받았다. 5분짜리 개그 코너를 개발하기 위해 수많은 아이디어를 쏟아내고 일주일 이상 연습해야 한다.

연극무대가 좋아 고교 3년 내내 연극에 미쳐 살았고 대학에서도 연극을 전공한 그는 연극배우가 되고 싶었다. 하지만 제대할 무렵 대학로에서 컬트삼총사 개그를 보 고는 감동을 받았고 개그맨으로 방향을 틀었다. 지금도 그는 연극 얘기만 나오면 표정 이 밝아진다.

"병장 때 휴가 나와서 컬트삼총사의 개그 공연을 보고는 소름이 돋는 느낌이었습 니다. 남들은 양 옆에서 웃어대는데 저는 웃음보다는 감동을 받았습니다." 이때부터 그는 개그를 다른 시각에서 바라봤다고 한다. 단순히 웃고 지나가는 개그가 아니라 한 번쯤 가슴을 흔들고 마음을 움직일 수 있는 코미디를 하고 싶었다고.

컬트의 정찬우가 문선대 고참이라는 인연이 개그맨으로서의 그의 인생 설계에 큰 밑거름이 됐다. 졸업 한 학기 남겨두고 휴학한 뒤 본격적으로 코미디를 하기 위해 컬트 와 함께 공연을 다니면서 타고난 개그 감각을 키웠다.

하지만 개그맨으로 한참 활동이 많던 시절에도 그는 연극을 놓지 않았다. 〈모래의 여자〉라는 연극 작품을 통해 개그맨이 아닌 배우 김대희로서 관객을 만났다. "저로서는 졸업하고 사회에 나와서 한 첫 정극이었어요. 제 자신을 다시 발견하는 소중한 시간이었습니다. 작품을 통해서 배운 게 많죠. 기회가 닿으면 다시 무대에 서고 싶어요. 연극은 제 마음속 고향이고 동경의 무대입니다."

개그콘서트의 '대화가 필요해'는 대표적인 장수 코너가 됐다. 그는 최근 이 코너에서 실제로 머리를 깎는 장면을 보여줬다. 사회적으로 큰 관심을 불러일으켰다. "삭발한 것이 특별하고 대단한 것으로 생각하지 않아요. 삭발을 위한 개그가 아니라 개그를 위한 삭발을 한 겁니다. 개그에 대해서 조금이라도 열정이 있다면 다른 후배들도 삭발을 했을 겁니다. 웃음을 위한 거죠."

그는 코미디가 표현의 소재에 있어 제한이 많다고 한다. "드라마나 영화에서는 다양한 소재들이 자유롭게 표현되잖아요. 코미디는 그렇지 못한 게 아쉽죠. 배우가 머리를 삭발하면 예술이 되고 코미디 프로에서는 그런 장면을 보면 이상하게 생각하죠."

그가 코미디를 생각하는 마음은 깊고 넓다. 아울러 후배들 생각에는 흔들리지 않는 확고함을 담는다.

"정말 열정이 많은 친구들입니다. 개그콘서트에서 5분의 웃음을 드리기 위해 일주일가량 밤을 새우면서 아이디어를 개발해요. 고생에 비해 버라이어티 MC나 다른 연기자들에 비해 대우는 좋은 편이 아니죠. 후배들이 개그에 철학을 갖고 고생하는 만큼 좋은 대우를 받았으면 해요."

그는 후배들한테 훌륭한 까다로운 선배로 통한다. 연극을 통해 몸으로 익힌 치열함이 후배들에게 완벽함을 요구하고 있기 때문. 개그를 처음 시작하려는 지망생들에게 마음에 담고 있는 말을 꺼낸다.

"개그를 쉽게 생각하면 안 됩니다. 막상 들어온 뒤에 힘들어 그만두는 후배들도 많아요. 웬만한 각오가 아니면 개그맨이 될 엄두도 내서는 안 됩니다. 아울러 깊이 있는 개그를 했으면 하는 바람입니다."

마지막으로 그는 가족에게 한 마디 하고 싶다고 했다.

"아내는 참 착하고 헌신적입니다. 내조도 잘 해요. 결혼 잘 했다고 생각합니다. 우리 딸도 아프지 말고 건강하게 자랐으면 좋겠어요. 아빠가 괜찮은 개그맨이구나 하는 생각을 할 수 있을 정도로 열심히 해야죠."

배우 박윤배

"남들이 나를 사랑해 주는 배우가 진정 좋은 연기자"

탤런트 박윤배는 배우로서 35년 동안 시청자들 곁을 지키고 있다. 우리나라 최장수 드라마였던 〈전원일기〉에서 응삼이로 22년을 살아왔으니 '국민배우'라는 수식어가 하나 붙는다고 해서 어색할 것도 없다.

〈전원일기〉에서 보여준 그만의 특유한 농촌 총각의 이미지와 어울리지 않는 사건(?)이 있었다. 젊은 시절 그의 사진 한 장이 예전에 인터넷을 뜨겁게 달궈 놓았던 것. 세월의 손때가 묻어있는 사진이었지만, 응삼이 캐릭터와는 전혀 다른 그의 이미지를 접한 네티즌들은 그를 '얼짱 배우'라고 불렀다. 그의 색다른 이미지가 화제가 됐고, 기분 좋은 제2의 전성기를 맞기도 했다. 배우 생활 35년. 응삼이로 살아온 22년의 세월은 많은 변화를 말한다.

시청자들은 그를 옆집 사람처럼 편안한 우리네 응삼이로 기억할 수 있겠지만 배우로서 한 가지 고정된 캐릭터로 기억된다는 것은 가슴이 아플 수도 있는 일이다. 그는 응삼이가 아닌 굵직한 작품에 출연했던 드라마가 많다. 〈전원일기〉 외에 〈수사반장〉, 〈연개소문〉, 〈토지〉 등이 그의 대표작이다. 많은 드라마에 출연하면서 응삼이와는 전혀 다른 인물들을 창조했지만, 시청자들은 응삼이를 지워버리고 싶지 않다. 〈전원일기〉를 보면서 울고, 웃고, 행복해 하면서 같이 살아왔기 때문이 아닐까?

그는 요즘 '고향은 지금'이라는 프로그램의 리포터를 하면서 농촌 곳곳을 찾아다니고 있다. "리포터를 하고 있지만 기분이 좋아요. 〈전원일기〉 할 때처럼 과거로 돌아간 것 같죠. 농사짓는 분들과 많은 대화도 나눌 수 있어요. 고향 사람 만나 흙냄새를 맡는 기분이죠."

농촌을 배경으로 한 드라마가 없어지고 있는 요즘에 그는 너무 안타깝다고 얘기한다. "농업이 경제 한국으로 일으켜 세운 거잖아요. 농업을 생업으로 살던 우리 국민들 얘기를 다룬 드라마가 없어진다는 것은 안타까운 일입니다. 아무리 세계화하고 인터넷 시대가 된다지만 뿌리를 잊는다는 것은 안 될 일이죠."

농촌 드라마 이야기로 밤을 새도 모자랄 것 같아 '얼짱 배우' 이야기를 꺼냈다. "젊은 시절 사진을 보면 자신은 없어요. 응삼이 캐릭터하고 너무 상반된 이미지라서 그런 겁니다. 저는 아직도 부족합니다." 하지만 이 화제의 사진 한 장으로 응삼이 캐릭터에서 좀 벗어나 주길 은근히 바랐다고 그는 솔직하게 얘기한다.

배우로서 여러 가지 역할을 해보고 싶다는 생각이 왜 없을까. 그래서 물었다. 제2의 인물 창조를 해보고 싶지 않느냐고. "제가 멜로물에 나오면 어울리겠어요? 하하하. 시대극을 참 좋아해요. 옛날에도 가끔 해왔지만 좋은 역할로 기회가 주어진다면 최선을 다할 생각입니다. 사극에서도 늘 서민이지만 그런 공감하는 역할이 좋아요."

엉뚱한 질문을 던졌다. 어떤 연기자가 과연 이 시대의 배우인지. "갑자기 물어봐서 좀 당황스럽네요. 간단히 말하자면 자신이 스스로를 사랑하는 배우보다는 남들이 나를 사랑해 주는 배우가 진정 좋은 연기자가 아닌가 생각합니다. 틀에 맞춰져 있는 배우보다는 정해진 틀이 없이 다양한 영역을 넘나드는 배우가 좋은 배우 아닐까요."

그는 얼마 전에 행복한 보금자리를 만들었다. 배우 생활 35년 동안 우여곡절도 참 많았지만 이번에 집을 장만한 것도 그동안 사랑해준 시청자 덕분이라고 공을 돌린다. "이제는 한 곳에 오래 정착하고 싶어요. 요즘은 이사 생각만 하면 기분이 좋습니다." 그는 배우의 삶을 살면서 느낀 점이 그의 인생관이 됐다고 말한다.

배우 김애경

"같은 대사라도 자신의 색깔로 승화해야…"

　탤런트 김애경을 한마디로 얘기할 수 없다. 그의 연기 스타일에 붙는 수식어는 너무나 많다. 그만큼 그의 감칠맛 나는 연기는 복제될 수 없는 그만의 진품이다. 당대 최고의 드라마였던 〈서울뚝배기〉에서 그가 맡았던 역할은 윤 마담. "실례합니다. 호호호~" 간드러진 이 대사 한마디는 전국에 김애경 유행어 열풍을 만들었다.

　김애경은 방송에서도 공개된 적이 있는 남자 친구 이야기로 말문을 열었다. 그를 만나면서 사랑이 무엇인지 느끼게 됐다고 아직도 앳된 소녀처럼 수줍은 고백을 해오는 사람이 김애경이다. "사람이 믿음을 갖고 산다는 게 어렵잖아요. 다들 기적 같다고 말하지만 전 그렇게 생각 안 해요. 얼마나 순수하고 유머 감각이 뛰어난데요. 오늘도 집에 와서 하수구 뻥 뚫어주고 갔어요. 호호호" 남자 친구 이야기에만 30분이 흘렀다.

　그의 타고난 재능은 어린 시절로 돌아간다. 교회의 강단이 무대였고, 어머니의 옷이 무대의상이 되어 주었다. 콩쥐팥쥐, 신데렐라 등 어릴 적부터 연극으로 안 해본 명작 동화가 없을 정도다. "어릴 적부터 끼가 남달랐어요. 엄마 옷으로 면사포를 만들어서 신데렐라 공연도 했지. 아휴 그런 용기가 어릴 때 어디에 있었는지 몰라."

　본격적인 연기자로의 운명은 동덕여대 국문과 1학년 시절 친한 친구 세 명이 함께

탤런트 시험을 보면서 시작됐다. 탤런트가 되고 나서 그가 맡은 배역은 대사 몇 마디로 끝나는 단역들뿐. 하지만 이때부터 그는 본격적으로 연극과 인연을 맺으면서 시대를 초월하는 감칠맛 나는 연기 스타일을 구축하게 됐다고.

"어깨만 툭 쳐도 깜짝 놀랄 정도로 스스로 쑥맥이었던 내가 연극을 통해서 인생을 알고 배우가 무엇인지 알게 되고, 왜 연기를 해야 하는지 깨달았죠."

그는 스승인 연극 교육자 동랑 유치진 선생의 고마움을 잊을 수 없다고 했다. "날 배우가 될 수 있도록 많은 것을 변화시켜 주신 분이에요. 그분의 가르침이 평생 배우로 살아가는 데 정신이 되고 있죠. 정말 미친 듯이 무대를 뛰어다니다 보니 어느 순간 배우가 돼 있더라고요."

연극무대에서 탄탄하게 연기 실력이 쌓이자 방송에서도 러브콜이 쏟아졌다. KBS로 스카우트되면서 맡은 첫 역할이 〈서울뚝배기〉에 '윤 마담' 역할이었다고. 원래는 극을 이끌어 가는 비중 있는 역할이 아니었지만, 그는 새로운 스타일의 등장인물을 창조해냈다. "원래는 한 3회 정도밖에 나오지 않는 역할이었어요. 대사도 짧았고" 그는 이 말을 꺼내면서 '울화가 치밀었다'는 표현을 썼다. 배우한테 배역 욕심은 당연하다. "대본을 받고 하루 종일 연습했어요. 같은 대사라도 다르게 만들어내야 한다는 생각이었지. 아무나 할 수 없는 등장인물로 만들어야겠다는 욕심이 생기더라고 코맹맹 소리를 넣고서 '어서 오시오~. 반갑습니다' 수백 번을 되풀이하다 결국 만들어낸 것이 '실례합니다아아앙~'이 나온 거예요."

이 한마디가 전국을 강타한 유행어가 되고 드라마에서는 빠질 수 없는 역할이 돼주었다. 이때 생긴 말이 '주연보다 더 빛나는 조연'이라는 말이다.

"매일신문 독자 여러분 즐거운 성탄절 되시구요, 행복하세요 실례했습니당~. 호호호~"

개그맨 김준호

"캐릭터 특성 잘 유지해야 웃음 유발…"

데뷔 11년차 개그맨 김준호. KTX를 타고 대전으로 함께 이동하면서 이야기를 나누었다. 기차가 출발하기까지 30분 정도 남은 시각. 20분 동안 햄버거를 정신없이 먹고 마시며 장동민, 홍인규도 함께한 가운데 이야기를 나누었다.

"휴먼 코미디 영화 한 편을 직접 찍고 싶어요" 그는 대뜸 영화 이야기부터 꺼낸다. "드라마에서 연기를 하는 이유도 감각을 잃지 않기 위해섭니다."

진정한 코미디 캐릭터 연기를 하고 싶어 하는 그의 연기 사랑은 사뭇 다르다.

"코미디 영화가 다양화됐습니다. 대부분 코미디 연기자들이 주축이 돼서 만들어지는 것보다 전업 영화배우의 역할이 더 큰 상황이죠. 그게 아쉽습니다. 코미디 연기는 가벼움이 아니거든요. 다양한 장르에서 주어진 역할을 잘 소화해 내고 싶습니다."

코미디 연기의 전통을 잇고 있다는 평가를 받고 있는 김준호. 그가 개그콘서트에서 표현해 낸 캐릭터는 보스, 노인, 바보, 충청도 이장 등 다양하다. 캐릭터 인물은 단순히 웃음을 유발하는 차원을 넘는다. 개그의 특성상 연기보다는 웃음을 강조한다. 캐릭터는 웃음을 유발하는 도구인 셈. 감정을 집중하기보다는 역할로 상황에 집중하기 때문에 더욱 그렇다. 개그맨이 그런 균형을 잡기란 쉽지 않다. 잘못하면 의도했던 대로

웃음이 캐릭터 속으로 묻혀 버리기 때문이다. 캐릭터 연기 때문에 자기 집중이 많아지면 터지는 웃음이 아니라 감상용이 되어 버리기 때문에 웃음을 유도하기 위한 캐릭터 연기를 잘 유지해야 한다.

"프랑스 코미디는 캐릭터를 단순화시키면서 특징적인 인물 묘사로 블랙코미디를 하는 경우가 많아요. 캐릭터 연기를 보면서 관객은 자연스럽게 웃을 수 있는 거죠. 웃음은 인물이 특징적이고 단순할 때 더 많이 웃어주시는 것 같습니다."

연기에 집중하면 무거워질 우려가 있기 때문에 인물 연기는 단순화되고 특징을 과장하거나 표현을 극대화시켜서 웃음을 유도하는 게 일반적이다. 하지만 김준호는 연기를 먼저 강조하지만 웃음의 강도는 크다. 연기가 탁월하다는 평가를 받고 있는 그는 진정한 코미디 연기자라고 부르는데 손색이 없을 정도 연기자로서 활동도 다양하고 장르를 넘나드는 연기로 그는 드라마에도 벌써 몇 차례 고정 출연했고, 영화도 찍었다. 12월부터 MBC에서 방송될 〈뉴하트〉에서는 흉부외과 의사 역을 맡고 네 번째 안방극장을 노크한다.

"드라마를 많이 한다고 해서 코미디를 놓을 생각은 없습니다. 오히려 코미디 연기를 더 잘 하기 위해서 드라마를 하고 있는 겁니다. 저는 코미디 연기자입니다. 코미디를 더 잘 하고 싶은 것은 평생 마음속에 있는 목표입니다. 아직 배우고 담아야 할 것들이 많아요."

덜컹거리는 열차 안에서 그가 말한 이 한 마디에 11년차 개그맨으로서 겸손함이 느껴진다. 데뷔 연차로 볼 때 중견에 가까운 세월이 흘렀지만 그의 연습량의 열기는 식지도 않고 쉴 줄도 모른다. "더 열심히 해야 해요. 더 재능 있는 후배들이 많아지고 있잖아요. 깜짝 놀랄 때가 많습니다. 후배들이 하루 연습하면 저는 일주일 이상 연습해야 마음이 편해집니다."

성대모사와 비트박스, 팬터마임을 잘하는 그는 뮤지컬 배우를 아내로 맞았다. 아직도 신혼인데 너무 바빠서 아내에게 미안하다고 했다. 다음 달 그가 출연하는 개그 공연이 4개씩 잡혀 있어서 그 연습에 몸살을 앓고 누울 정도란다.

"모든 일에 최선을 다하고 싶습니다. 소속사 식구들하고 연말에 좋은 일도 많이 하고 싶고요. 이제는 돈도 좀 벌어야죠. 다음에는 대구에 갑니다." 대전역에 도착해서 그가 일어선다. 바쁜 스케줄로 살인적인 하루를 보내고 있지만 얼굴에는 웃음이 지워지질 않는다.

개그우먼 강주희

"성대모사에서 자기화는 필수"

성대모사는 개그 프로에서 빠져서는 안 될 '웃음 충전' 단골 메뉴다. 목소리도 닮아야 하지만 톤과 표정, 제스처도 웃음을 유발하기 위해서 매우 중요한 대목.

요즘 개그우먼 중 '성대모사의 달인'을 꼽으라면 개그콘서트, 폭소클럽에서 이 이 시대의 유명 인사를 모조리 흉내 내고 있는 인간 복사기 강주희를 꼽는 데 주저할 사람이 없다. KBS 공채 개그맨 18기로 활동하고 있는 그의 성대모사 중 백지연 앵커와 황수경 아나운서의 성대모사는 압권이다.

"인간 복사기라면서요?"라고 첫 말을 던지자 깔깔대며 웃는다. '몇 명이나 똑같이 흉내 낼 수 있냐'는 질문에 손가락이 접혔다 폈다를 반복하더니 한 30명 정도 흉내 낼 수 있단다.

아무리 재능을 갖고 타고 났어도 성대모사 실력은 그냥 얻어지는 게 아니다. "성대모사는 단지 흉내만 내는 차원을 넘어서야 해요. 끊임없이 연구하고 반복 연습을 해야 하죠. 특징을 잡기 위해 반복해서 영상물을 수백 번 되풀이해서 봐요."

강 씨는 성대모사에서 '자기화는 필수'라고 했다. 똑같은 그 이상의 것이 표현돼야 시청자들의 관심을 증폭시킬 수 있다는 것.

　"개그 코너는 길어야 5분이에요. 그 시간 안에 시청자들의 시선을 사로잡고 웃음을 터트리기란 결코 쉬운 일이 아니죠. 성대모사만 잘 한다고 되는 일은 더 더욱 아니고요. 실력이 없으면 살아남기가 어렵기 때문에 매번 처음과 같은 마음으로 열심히 하고 있습니다."

　개그우먼으로 데뷔한 지 5년차가 넘어서고 있는 그녀지만, 쉼 없이 달려가고 있다. 녹화 시간이 다가오자 그녀의 연습 속도도 빨라졌다. 입을 풀고, 표정을 다시 다듬고, 출연진들하고 마지막 대사들을 맞추어 본다. 집중하고 또 집중하는 모습이 실제 녹화보다 더 엄숙하다. "노래를 아주 잘하신다고 들었어요." 연습하는데 끼어들어 한 마디를 던졌다. 그녀의 라이브 실력은 트로트, 가요, 발라드 등 장르를 넘나든다.

　"가수로 데뷔하고 싶은 마음은 있지만 개그우먼이 가수로 변신하기란 쉽지 않네요. 기회가 오면 꼭 음반을 내고 개성있는 활동을 하고 싶어요. 그래서 노래 연습도 성대모사 이상으로 꾸준히 하고 있답니다."

　피는 속이지 못하는 법일까. 강 씨의 세 자매 모두 탁월한 개그 감각을 소유하고 있다. 3분 차이의 일란성 쌍둥이인 동생 강승희는 개그콘서트 '뒤풀이 개그 코너'에서 뛰어난 성대모사의 기량을 보여주고 있으며, 강 씨 역시 큰언니의 개그우먼 시험 상대 역을 해주면서 합격했을 정도라고.

여자 개그맨으로서 어려운 점도 많을 것 같아서 힘들지 않은지 물었다.

"방송에서 표현되는 이미지로만 사람을 평가하는 경우가 있어요. 그럴 때는 정말 속상하죠. 웃음을 주기 위해 자신을 버리고 망가질 수 있는 것이 개그맨이지만 평상시에도 늘 그런 것은 아니랍니다. 강주희라는 사람 자체를 보시고 평가해 주셨으면 해요."

후배 개그우먼들이 늘어나고 있는 추세에 그녀도 남다른 개그 철학을 말한다.

"개그를 생계형으로 하는 후배들이 있어요. 그러면 안 되는 거잖아요. 활동을 하면서 생활에 보탬이 될 수 있겠지만 개그맨으로서 근본적인 철학이 없어서는 안 됩니다. 그러면 오래 버티질 못해요. 많은 후배들이 진정한 개그를 하기 위해서 더 즐기고 노력해 주길 바랄 뿐입니다. 웃음은 정말 무서운 무기잖아요."

영화배우 이대근

"세상이 연극이고 무대… 자연과 함께하는 인간 이대근이고 싶어…"

영화배우 이대근. 우직하게 잘생겼다고 표현해야 하나. 세월이 변해도 그는 달라진 게 없는 듯해 보인다. 그가 출연한 영화의 한 장면이 빠르게 머릿속으로 스쳐 지나간다.

아랫입술은 꽉 다물고, 두 손은 허리춤에 찌르면서 "아니~ 왜 나한테 그러는 거야 어어억~. 어허~ 고것 참. 내 성질을 건드리지 말란 말얏~" 이 한마디에 곁들여지는 그의 동작과 표정은 압권이다. 한동안 그의 이 명대사는 코미디언들 성대모사에서는 빠질 수 없는 레퍼토리였다. "날 흉내 내는 건 알아요. 예전에 한 코미디언이 찾아왔어요. '선배님 흉내를 내면 뜰 것 같은데 해도 될까요' 하길래 허락을 했던 겁니다."

그는 대부분의 영화에서 주연으로 출연했다. 1970년대 출연 작품에는 '오야붕' 역할은 다 해봤다. 그는 우리나라 영화배우 중 처음으로 김두한 역할을 한 원조 배우다. 〈김두한〉 1·2·3·4·5편, 〈거지왕 김춘삼〉, 〈시라소니〉 등에 출연하면서 남자다움을 과시했다. 1979년 〈대근이가 왔소〉, 2007년 〈이대근 이댁은〉 두 편의 영화는 아예 그의 이름을 제목에 넣었다. 드라마 〈수사반장〉에는 140회를 범인으로 출연했고, 400회 특집에도 그는 여전히 범인 역할을 맡아 마지막으로 〈수사반장〉을 끝냈다.

그는 "영화배우로서는 안 해 본 역할이 없을 정도이고, 배우로서 최고의 자리를

자키기 위해서 치열하게 살았다."고 털어놓는다.

　"하루에 영화를 서너 편씩 찍고 몸 생각을 안 할 당시에는 선배들이 날 항상 데리고 다니셨어요. 이제 그 역할을 제가 해야죠. '아~. 나에게도 자연인으로서 역할이 있구나' 생각하면 감사해요. 그래서 전국을 다니면서 후배·지인들을 만나요."

　그의 파란만장한 50년 배우 인생. 다시 태어나도 영화 인생을 살고 싶다고 말해줄 것 같았는데 예상은 보기 좋게 빗나갔다.

　"다시 태어난다면 영화배우를 다시 하고 싶은 생각은 없어요. 세상이 연극이고 무대인 걸요. 이제는 자연과 함께하는 인간 이대근이고 싶어요. 얼굴에 분을 바르고 연기하는 배우가 아니라, 그냥 인간으로 배우의 역할을 충실하게 하고 싶은 겁니다."

　한 시대를 영화와 함께 살아온 그는 "한 작품을 끝내고 유명세를 탔다고 배우에게 '스타'라고 지칭하는 것은 잘못됐다."고 말한다. "아무나 보고 스타라는 말을 써서는 안 됩니다. 한정된 장르가 아니라 코미디, 멜로, 역사, 현대물 등 배우의 영역을 다양하게 소화해 낼 수 있어야 해요. 스타는 시대가 지어주는 특별한 선물입니다. 그래야 그 빛은 영원히 사라지지 않게 되는 거죠."

그는 남다른 자녀 교육열로도 유명하다. 미국을 241번이나 다녀올 정도로 자녀 교육에 남다른 철학과 사랑을 담아냈다. 영화배우로 바쁜 세월을 보냈지만 세 딸 모두를 미국에서 키워 내는 데 애정을 쏟았다. 큰딸과 작은딸은 약학박사를 취득하고 FDA 고위직에 근무하고 있고, 막내딸은 교사로 근무 중이란다.

그는 첫째 딸이 학위를 받던 날을 회상하며 말을 이었다. "딸이 울면서 그러는 거예요. 어머니의 눈물이 아니었다면 학위를 받을 수 없었다고 말합디다. 그래서 제가 깜짝 놀라서 집사람한테 얘기를 했더니 '당신 모르게 난 눈물로 애들을 키웠어요' 해요. 얼마나 가슴이 뭉클했는지 모릅니다."

서라벌예술대학 연극영화과를 나온 그는 입학식 날 교내 입구에 걸려있는 현수막 문구인 '배우가 되기 전에 먼저 인간이 되어라'라는 말을 아직도 마음속 교훈으로 담아두고 있다고 말한다. 이제는 더 이상 안 해 본 역할이 없는 그가 마지막 말을 한다.

"이제는 자연을 세트로 땅을 무대로 삼고, 해와 달은 조명이 되어 가족들과 마지막 홈드라마를 멋지게 찍고 싶은 게 제가 하고 싶은 일입니다."

탤런트 최주봉

"호응을 얻을 수 있는 캐릭터 창조를 위해 연습으로 승화…"

탤런트 최주봉, 그는 60년 전 건어물 장사를 하는 8남매의 장남으로 태어났다. 친구들이 상과대학을 진학하고 법대를 가겠다고 대학 원서를 낼 때, 그는 평생을 배우로 살아가겠다며 연극배우의 길을 택했다. 상대를 진학해 가업을 이어 받길 바랐던 그의 부모님은 배우의 길을 걷겠다고 했을 때, 그의 타고난 재능을 믿어주질 않았다. "신성일 같은 배우가 되겠다고 말했더니 내 얼굴을 보라고 하시더라고요. 무조건 설득시켰어요. 44세가 넘어서야 부모님하고의 약속을 지킬 수 있었습니다."

연극무대에서만 볼 수 있었던 스타, 최주봉. 44세가 넘어서야 배우로서 그의 끈질긴 외길 인생에 하늘도 감동했는지 드라마 〈한지붕 세가족〉에서 '만수 아빠'로 이름을 알렸고, '쿠웨이트 박'이라는 극중 캐릭터 하나로 시청자들의 가슴속에 단단하게 자리를 잡았다. "배우가 된다는 것, 타고난 재능을 갈고닦는 일보다는 꾸준하게 무대에서 버텨내는 게 더 힘들었습니다."

배우로서 그의 끝이 없는 도전정신과 추격전은 시청자를 웃고 울리는 감동의 캐릭터로 그 누구도 흉내 낼 수 없는 배우의 깊은 정신이 배어 나온다. 그의 깊은 캐릭터 연기는 어디서 나오는 걸까. "일상생활도 조금 포함돼 있죠. 배우는 개인의 개성을 돋

보이게 하는 직업입니다. 거기에 조미료를 치고 양념을 넣어서 창조해내야 하지요. 호응을 얻을 수 있는 캐릭터를 창조하기 위해서는 수백 번 대본을 보고 연구해 연습으로 승화시켜 가는 겁니다." 그와 대화를 나눌수록 흥겹고 유쾌해진다. 그의 특유의 톤과 음성 때문이 아니라 세상을 즐겁게 바라보면서 흥겹게 이야기하기 때문이다.

연극배우로서의 그가 20대부터 몸을 담고 무대에 섰던 곳은 극단 '가교'다. 오랜 시간 동안 이곳을 통해서 연극을 함께 했던 동료 배우 김진태, 박인환, 양재성은 드라마 촬영 때문에 바쁜 날이 더 많지만 그들 역시 꾸준히 연극무대를 지켜가고 있는 동지들이다.

그는 극단 가교를 바라보는 심정을 '고향'이라고 표현한다. "평생을 이곳에서 연극을 했으니 고향이나 마찬가지죠. 하지만 후학 양성을 못 한 게 참으로 아쉬워요. 연극도 달라지고 젊은 사람들이 해줘야 할 역할들이 있는데…. 처음 이곳에서 연극을 시작한 만큼 저는 노배우가 되어서도 이곳을 지켰으면 합니다."

그의 둘째 아들인 최규환 씨도 최근에는 연기자의 길을 걷고 있다. TV 소설 〈아름다운 시절〉에서 남자 주인공 오재범 역을 연기하기도 했다. "스타가 되길 바라지 않아요. 기초가 튼튼해야 해요. 굳건하게 자신의 위치를 지켜내며 살아가는 배우가 돼주길 바라는 거죠. 뭔가 달라야 하는 게 배우잖아요. 그 다른 것을 찾는 것도 제 역할인 거죠. 잘해주길 바래요. 그게 아버지로서 마음이죠."

다섯 살 때부터 장독대에 올라가 변사 흉내를 내고, 영화에 푹 빠져 살았던 최주봉. 40년이 넘는 세월을 배우라는 단 한 가지 직업으로만 우직하게 무대를 우직하게 지켜내고 있는 그의 모습에 큰 울림이 담겨 있다. "배우는 10년 이상 자리를 지켜야 무대의 맛을 느낄 수 있는 겁니다. 그 기간 동안 자신을 최고급 상품으로 만들어 놓아야 하는 거죠. 한마디로 백화점 물건이 되기 위해서는 자신과의 싸움에서 이겨내는 것밖에 없어요. 그걸 지켜내는 사람은 반드시 승리합니다."

방송인 장광순

"고향 말을 한다는 게 참 좋아요."

구수한 충청도 말씨 하나로 전 국민들의 배꼽을 무참하게 날려버린 방송인 장광순. 개그맨 장동민의 아버지로 우연찮게 방송가에 데뷔한 그는 조미료를 치지 않은 맛깔스러운 반찬과 같은 솔직담백하고 구수한 말솜씨로 일약 세간의 관심을 얻었다.

장광순이 처음 방송에 모습을 드러낸 것은 특집으로 마련된 코미디 폭소클럽 프로그램. 세 식구가 초대되어 한 무대에 섰던 것. 그는 이날 느릿느릿한 특유의 말투로 시청자들을 사로잡아 버렸다. 그 후 '스타 골든벨'에서는 아들보다 더 재미있는 아버지로 유명세를 탔고, '말달리자' 프로그램에서는 구수한 충청도 사투리 입장단으로 시청자를 녹여냈다.

"고향 말을 한다는 게 참 좋아요. 원래는 1, 2회 정도만 출연할 계획이었는데 한 1년 정도 하게 된 거지 뭐. 고향 말이라고 내가 대충 알아서 한 건 아닙니다. 하하하" 편안하게 사투리를 구사하는 프로그램이었지만 그는 쉼 없이 연습하고 준비했다.

그렇게 노력해서 선보인 구수한 말 한마디로 2006년 MBC 방송연예대상에서 특별상까지 수상했으니 시청자들이 그에게 쏟은 관심이 얼마나 높았는지 알 수 있다. 얼마 전 부터는 SBS '일요일 고향 애'라는 프로에 게스트로 출연중이란다.

"내가 동민이처럼 연극을 하면서 연기를 배운 게 아니잖아요. 출연한 방송을 보면 늘 아쉬워요. 동민이가 피곤할 텐데도 집에 들어와서 녹화 방송을 같이 보면서 서로 상의를 많이 합니다. 이놈 때문에 많이 위안이 돼요. 고맙죠 뭐. 내가 하고 싶어서 하는 일이지만 내가 뭘 잘못해 동민이가 피해를 받지 않을까 항상 걱정스러워요."

늦게 발견된 아버지의 끼. 하지만 그의 넘치는 끼는 진작부터 빛을 발하고 있었다. 장동민의 유행어 '그까이 거 대충~' 역시 아버지가 아들에게 선물해 준 첫 번째 아이디어였다고.

"아들놈이 개그맨이 되고는 첫 방송을 했는데 영 재미가 없는 겨 참네. 그날 집에 놀러 온 세윤이가 재미있는 거 뭐 없냐고 묻길래 '야~ 그까이 꺼 대충 아무거나 해봐. 아무거나 찍어 붙여서 말해'라고 했더니 다음 주 코너에 '대충~'이 나오더라고. 고놈 자식들 재밌어 죽겄어 참네. 하하하."

그다음 유행어 역시 그의 아이디어에서 나왔다. "아~ 근디 대충이 끝나갈 무렵에 또 다른 것을 알려달라고 그러는 겨. 그래서 이번에는 '지친다, 지쳐'로 해보자고 했는데 그게 또 방송을 타고 유행어가 됐잖아."

그는 유명세를 타고 나서 마음고생도 많았다고 했다. "가끔 친구들 만나면 술도 한잔하잖아요. 술자리에서 좋은 말씀도 많이 해주시는데 가끔 듣기 거북한 말을 하실 때가 있어요. 사람들이 정말로 좋은 말만 했으면 좋겠어유. 가급적 바깥출입을 안 하게 되더라고요. 요즘에는 방송 없으면 손녀딸하고 시간가는 줄 모르고 함께하는 시간이 많아요."

마지막으로 아들에게 당부하고 싶은 얘기가 없는지 물었다. "집에 들어와서도 연습하는걸 보면 제일 안쓰러워요. 이놈이 대충하는 놈이 아녀. 시청자들이 우리 동민이를 보고 웃더라도 다른 사람에게 존경받는 사람이 됐으면 좋겠어요, 지나치게 욕심부리지 말구요. 세윤, 상무, 동민이 모두 처음 시작했을 때처럼 집에도 자주 놀러오면서 오랫동안 함께했으면 좋겠어요. 그게 아버지로서 바람이쥬."

방송인 이다 도시

"유행 때문에 스트레스 받지 마시고요. 모든 것을 즐기세요."

방송인 이다 도시(Daussy Ida Noelle Daniel). 그가 태어나고 자란 곳은 프랑스 노르망디지만 그의 국적은 한국이다. 그에게 있어 우리나라는 삶의 절반을 차지한다. 우리의 이웃 아줌마로 살아가면서 특별하게 하고 싶은 일들이 아직도 많이 있다. 한때 그의 말투는 개그맨들이 구사하는 성대모사에서 빠지지 않는 단골 메뉴였다. 방송에서 듣던 특유의 말투와 웃음이 그대로다.

대화를 나눌수록 마음이 흐뭇해지고 한바탕 웃고 싶어진다. 그가 전국을 누비며 강의 주제로 삼는 이야기만 해도 와인, 한국문화, 육아, 외국인 이민자들의 생활과 문화 등 다양하기 그지없다. 뜨겁게 달아오르고 있는 와인 열풍은 그에게 있어 삶이고 문화다. 프랑스에서 어린 시절을 보낸 이다 도시의 탁월한 와인 감각은 우리가 고추장, 된장, 김치 맛을 구별해내는 것과 같은 이치다.

"와인이 한국에서 자연스러운 생활 문화가 되는 것은 좋은 현상이지만, 그런 와중에 상당히 스트레스를 받고 있는 것 같아요. 와인 생산자가 아닌 이상 와인에 철학을 담고 생각할 필요는 없다고 생각합니다. 제가 아는 CEO들 중에도 와인 때문에 스트레스를 받는다는 분들이 있어요. 와인은 공부하는 게 아니라 자연스레 즐기는 겁니다."

이다 도시는 와인 문화가 더 보편화돼야 다양한 세계 와인을 적당한 가격에 사고 마시면서 즐길 수 있는 분위기가 형성될 수 있고, 많은 사람들이 와인을 가까이 할 수 있다고 말한다.

대학원에서 아시아 비즈니스를 전공한 그는, 한국적인 생활과 풍경을 잊지 못해 1992년에 일 년간 취업 비자로 한국을 다시 찾았다. 프랑스 이방인에게 비쳐진 한국적인 모습이 정감이 가고 매력적이었단다. 한국인 남편을 만나 결혼도 하고 두 아들까지 두었으니 한국의 시집살이도 일단 성공적으로 마쳤다는 계산이 나온다. 1996년에 귀화했으니 한국 아줌마로 살아온 지도 11년이 넘고, 한국 땅을 처음 밟은 날짜를 어렴풋이 더듬어 본다 해도 16년의 세월을 한국인으로 살아가고 있다.

그러나 다인종 다문화 세상 속에서 인생 절반을 살았던 그에게 비쳐진 한국 사회는 외국인 이민자들이 넘어야 할 산이 너무 많은 곳이라고 말한다. "수많은 외국인 이민자들이 한국 사람으로 살아가고 있어도 영원한 외국인으로 비춰지는 것도 사실입니다. 한국에서 태어난 2세들의 경우, 말투 하나부터 엄연한 한국 사람입니다. 외모가 조금 다르다고 다른 사람으로 구분 짓는 것은 옳지 않습니다. 아이의 엄마로서 안타까울 때도 있습니다."

이다 도시는 하고픈 말을 전할 때에는 목소리 톤이 더 올라가고 말이 빨라진다. 말하는 도중에는 특유의 경쾌한 웃음소리를 보이는 모습이 영락없는 우리 한국 아줌마다. 닭볶음탕, 미역국, 낙지볶음을 잘 만들고 프랑스 요리로는 홍합찜과 모든 후식을 잘 만든다고 한다. 요리책을 발간한 적이 있는 그로서는 요리 역시 무척 재미있고 관심을 갖는 주제. 프랑스 음식과 한국 요리를 비교해서 맛있는 음식을 개발해 보는 것도 재미있다고 말한다. 이다 도시는 한국 문화와 생활을 수다로 풀어본다면서 지난해 '한·불 수교 120주년'을 맞아 『고요한 아침의 나라에서 온 이다』라는 제목의 책을 프랑스에서 발간했다. 프랑스에서도 화제가 됐고, 한국에서는 『이다 도시, 한국 수다로 풀다』라는 제목으로 출간돼 상당히 뜨거운 반응을 불러왔다. 유행의 도시 파리가 있는 프랑스에 자란 이다 도시. 그는 우리나라의 유행을 이렇게 말한다. "유행 때문에 스트레스 받지 마시고요. 모든 것을 즐기세요. 그러면 모든 것이 자연스러워집니다."

개그맨 김병조

"바르게 사는 게 선비고 양반 정신이죠."

배추머리로 유명한 코미디언 김병조. 1980년대 최고의 인기 코미디언이었던 그가 세상에 던져놓은 유행어들인 '지구를 떠나거라~', '나가 놀아라', '먼저 인간이 되거라' 는 지금도 공감이 가는 부분이 많다. 불교방송에서 매일 한 시간 동안 진행하는 '김병조의 이야기 쇼'는 17년째 그가 우둑하니 지켜온 무대다. 전파를 타고 흘러나오는 구수하고 맛깔 나는 그의 이야기 솜씨는 세상 돌아가는 해학과 풍자를 가득 담아낸다. 명심보감을 강의하는 코미디언으로 더 유명한 그는 틈틈이 강의를 위해 전국을 누빈다.

불교방송 지하에 있는 커피숍 문을 열고 들어서는 그는 '지구를 떠나거라~'를 말하던 그때의 모습과는 사뭇 다르다. 체중은 30kg 정도 빠져있고, 트레이드마크인 배추머리 헤어스타일은 잘 정돈돼 있다. 그의 얼굴을 보고 한참동안 말을 잃었다. 놀란 표정을 보고는 걱정하지 말라면서 웃어 보인다. "아파서 살이 푹 빠진 게 아닙니다. 매일 운동도 하고 나이 드니까 자연스레 체중조절이 된 거죠."

자연스럽게 명심보감 얘기를 꺼냈다. "명심보감을 강의한다는 게 새로운 길을 가고 있는 셈이죠." 그의 아버님이 한학을 공부한 덕분에 방송을 한창 할 당시에도 그는 훈장 선생님이 되고 싶은 꿈을 놓지 않았단다. 명심보감을 강의하는 코미디언으로 더

유명해지면서 말 못할 마음고생도 치렀다. "코미디언이 무슨 명심보감이냐면서 혼내시고 걱정하시는 어르신들도 계셨어요. 하지만 어른들 말씀 한마디가 더 자극이 돼 명심보감을 더 열심히 공부할 수 있는 계기가 됐습니다." 조선대학교 평생교육원 교양과정 교수이기도 한 그의 재미있는 명심보감 강의 이야기가 알려지면서 한 학기 수강인원이 100명이 넘어선 적도 있었다. 학생들의 평균 연령은 60세가 넘었다. 이 시대의 선비와 양반은 무엇인지 물었다. "바르게 사는 게 선비고 양반 정신이죠. 사람은 때로는 헛된 욕심과 꿈으로 가득 차 있잖아요. 만족하고 멈출 줄 아는 사람이 선비고 양반입니다."

그는 코미디 얘기를 꺼내면서 비유한다. "코미디도 재미있고 유익해야 해요. 즐거움을 너무 따지다 보면 저질로 흐르기 쉽거든요. 예절을 너무 따지다 보면 사람이 떠나는 것과 같은 이치죠. 제가 코미디를 하고 웃기는 사람일 수는 있는데 우스운 사람은 아니잖아요. 그렇게 되어서도 안 되죠. 강의를 끝내고 나오는데 어느 분이 그래요. 웃기는 사람인 줄 알았는데 사람을 울게 만든다고."

"제 유행어 중에 '먼저 인간이 되어라', '넌 누구냐?'가 있어요. 제 스승님이 연기자가 되기 전에 먼저 인간이 되라는 말씀을 참 많이 하셨거든요. 이 말씀 이상 좋은 게 없다고 생각해요. 아울러 사람다움은 배려에서 나온다고 생각합니다. 배려가 없으니까 매일 뉴스에 안 좋은 이야기만 등장하는 겁니다. 사람이 없다는 얘기죠. 넌 누구냐, 사람 되라고 해학적으로 혼내주는 겁니다."

오래 전 유행어라며 추억거리로만 치부할 게 아니라 지금도 마음 속 깊이 담아두어야 할 의미있는 말들이다. 어려서부터 육군사관학교를 가려고 했지만 그의 특출한 재능은 세상이 놔주질 않았다. 중앙대학교 연극영화과를 다니던 4년 동안, 수석으로 대학생활을 마친 것으로 위안을 삼는다고 말한다. 그는 배추와 건강 얘기를 꺼낸다. "전 배추를 좋아해요. 우리 민족을 상징하는 채소잖아요. 늘 푸르고요. 그래서 좋아합니다. 배추처럼 한결같이 욕심을 줄여야 건강해집니다. 그래야 마음까지 건강해지고 멈출 줄 아는 사람이 되는 거죠."

탤런트 홍석천

"벽이 허물어지고 편견이 없는 그날까지 더 당당하게…"

세상에 잘 알려진 대로 탤런트 홍석천은 7년 전, 커밍아웃을 했다. 잃었던 자신의 존재감은 되찾은 셈이 되었지만, 대중들의 마음은 현실을 넘어설 수가 없었다. 인터뷰 약속을 하고 한참을 생각에 잠겼다. 무엇부터 이야기할 것인가, 혼란스러웠다. 하지만 그와 대화를 나누는 순간 마음의 편견은 사라지고 말았다.

커밍아웃 이후 찢어지는 아픔을 겪어야 했지만, 사업가로 성공하고 강연도 다니고 틈틈이 방송 활동까지 해 가며 정신없이 살아온 그다.

그가 이태원에서 운영하는 마이타이 태국 음식점 문을 조심스럽게 문을 열고 들어섰다. 분주하게 손님을 직접 안내하는 모습이 띄었다. 얼굴에는 웃음이 한가득이다. 그는 레스토랑 운영이 홍석천만의 특별한 도전이고 삶이라고 했다. 이런 그의 삶이 얼마 전에는 7년 만에 10억을 번 재테크의 달인으로 화제가 되기도 했다.

"이 안에는 홍석천의 모든 것이 다 있어요. 음식뿐만 아니라 소품, 다양한 음식, 실내 디자인에 이르기까지 총체적으로 제 개성을 마음껏 드러내고 싶었는데 레스토랑 운영이 가장 적합했던 거예요. 직접 손님들과 마주할 수 있다는 것도 장점이에요. 저에 대한 벽을 허물 수 있는 좋은 기회가 되죠."

그는 세상에 무섭도록 당당했다. 커밍아웃 이후 세상은 그에게 냉담해졌지만 개의치 않았다.

"커밍아웃을 한 후에 제일 먼저 떠난 곳이 방송국이잖아요. 난 잘못한 게 없는데, 억울했죠. 그래서 '더 당차게 다가서자'고 마음을 굳게 먹었어요. 방송 활동할 때보다 더 씩씩하게 시내 한복판을 활보하고 다녔죠."

그는 "뻔뻔스러울 정도의 당당함을 통해 인생의 방향까지 바뀌었다."고 했다. 강연도 부지런히 다닌다. 성적소수자들이나 장애인들을 위한 강연이다. 편견의 벽을 허물 수 있도록 적극적으로 나서 자신의 이야기를 밝혔다고 했다.

그의 성적 소수자들을 위한 거침없는 활동에 대해 '타임'지는 그를 '2004년도 아시아의 젊은 영웅 20인'에 선정했다. "선정 소식을 듣고 같은 편도 있다는 사실에 마음이 편해졌어요. 성적소수자들도 똑같은 사람이고 다를 게 없거든요. 이해와 오해의 차이입니다. 제가 앞장서서 달려가고 있지만 많은 부분들이 더 바뀌어졌으면 좋겠어요."

여러 분야에서 활동하고 있지만 홍석천은 여전히 배우다. 의지도 확고하다. "어려서부터 꿈꾸어왔던 게 배우입니다. 사업을 하는 것은 일을 하는 거고요, 본업은 배우죠."

그는 배우로서 살아갈 수 있도록 마음의 빚을 진 사람이 둘 있다고 했다. 대학시절 은사인 최형인 교수와 작가 김수현 선생이다.

"한 분은 제 캐릭터를 보시고 홍석천 넌 꼭 배우가 될 수 있을 거라고 말씀해주셨어요. 그 말 한마디가 평생 배우라는 직업을 버릴 수 없도록 한 거죠. 김수현 선생님은 제가 커밍아웃을 한 후에 대중들과 점점 멀어질 때 드라마 〈완전한 사랑〉에 출연 기회를 주셨어요. 힘든 상황이었을 텐데 파격적으로 캐스팅하신 거죠. 다시 연기자의 길을 열어주신 분이에요."

　그에게 다른 동성애자들도 그처럼 솔직하게 커밍아웃을 선언해야 하는지에 대해 물었다. "아직은 받아들이기 힘든 게 현실이겠죠. 하지만 전 자신들의 소중한 사랑에 대해서 부끄럽게 생각하지 말라고 이야기해요. 시간이 더 흘러야겠지만 숨길 이유도 없는 거죠. 벽이 허물어지고 편견이 없는 그날까지 더 당당하게 말하면서 살아갈 겁니다."

배우 최동균

'방귀대장 뿡뿡이' 짜잔이형이 된 배우

EBS 유아 프로그램 '방귀대장 뿡뿡이' 진행자로 나오는 짜잔이형 최동균은 5세 미만 어린이들로부터 절대적인 사랑을 받고 있다. 모자와 고글 안경을 걸치고 짧은 반바지에 녹색 건빵바지를 입고 뿡뿡이와 녹화장 안에서 연습이 한창이다. 사실 그를 방귀대장 뿡뿡이 녹화장에서 만나기 전까지 내 머릿속에 남아있는 그의 이미지는 촉망받던 배우의 모습이었다. 고등학교 시절부터 TV에서 배우로 활동하고 연극도 여러 편 출연했으니 그의 배우 경력은 중견급이다. 게다가 서너 편의 TV프로그램에서 조연출로 활동한 것까지 따져본다면 그가 방송과 인연을 맺은 게 꽤 오래 된 셈이다.

최동균은 2대 '짜잔이형'으로 이 프로그램에 출연한 지 2년째라며 "마음고생도 심했다"고 했다. "첫 녹화 때는 너무 떨렸어요. 시청자들이 보기에도 자연스럽지 못했나 봐요. 6개월 동안은 시청자 게시판에 그의 진행이 마음에 안 든다는 악플들이 올라와서 프로그램 진행을 그만둘까 생각도 많이 했었습니다."

하지만 1년이 넘어서면서 그는 이제 어린이들과 부모님들의 절대적인 지지를 얻고 있다. 더 잘해야겠다는 생각에 매일 연습에만 매진했던 덕분이었다.

첫 데뷔 무대가 힘들었던 만큼 그는 이 프로그램에 갖는 애착과 사랑이 크다고

말한다. 드라마 제의가 들어왔지만 뿡뿡이에 전념하고 싶어 거절했을 정도다.

"마음 한구석에는 배우로 연극무대에 서고 싶고, 드라마도 출연하고 싶은 생각도 있지만 당분간은 한 가지 일에만 전념하고 싶었어요."

그는 어린이들과 인연이 깊다. 어린이 프로그램 조연출로 활동했고 아동극에도 십여 편 정도 출연했다. 그래서인지 어린이들의 마음을 잘 이해하고 읽어낼 줄 아는 배우라는 평을 얻었다. 하지만 악동들한테는 그도 당해낼 재간이 없다. "어린이들은 오래 서 있질 못하잖아요. 뿡뿡 체조만 20번 반복한 날도 수없이 많아요." 스튜디오를 천방지축 뛰어다니는 아이들 때문에 녹화에 지장을 받기도 하지만 그런 아이들의 천진난만한 모습을 바라보는 일이 그는 즐겁기만 하다고 했다.

"아이들에게 잘못했다고 야단을 치면 절대 안 돼요 모든 상황을 이해할 수 있도록 세심하게 배려하면서 이해를 시켜야 해요."

오랫동안 진행해온 유아 프로그램 덕분에 그의 이야기를 듣다보면 벌써 아이 몇을 둔 부모 같다는 생각이 절로 든다.

"4살이면 자아가 성립되는 중요한 시기죠. 이때 애정 결핍을 느끼게 하고 대화가 단절되면 절대 안 됩니다. 수만 가지 질문을 해도 짜증내지 말고, 귀찮더라고 세심하게 설명해줘야 해요. 스스로 놀이를 즐기게 해주는 것도 중요한데요. 부모님들하고 함께 할 때 성장발육이 더 건강해지고 머리도 좋아져요."

그는 영원한 배우로 남고 싶다고 했다. 표현한 캐릭터가 기억에 남고 시청자들의 가슴에 묻힐 수 있는 그런 배우.

"곧 영화촬영을 시작해요. 배우로도 좋은 모습을 보여드리도록 노력하겠습니다. 짜잔이형 역을 하면서도 쉬지 않고 꾸준히 연기 연습에 매달렸어요. 잠시라도 연습을 게을리 하다 보면 대사의 감도 떨어지고 몸도 망가지는 법이거든요. 더 많이 준비해서 열심히 하는 모습 보여드리겠습니다."

'짜잔이형'의 변신이 기대된다.

개그맨 이봉원

"코미디는 말의 재미보다는 콩트로 전달되는 배우들의 연기가 중요…"

　KBS 폭소클럽2 녹화장. 대기실 입구에는 출연자 이봉원이라는 팻말이 눈에 들어온다. 노크를 하고 들어서자 분장실 안에는 대본만 놓여진 채 주인은 없다. 공개홀로 들어섰다. 큐 사인이 떨어지기 무섭게 박수소리가 홀 안을 가득 메운다. 그가 진행하는 '이주일의 만평' 코너가 끝나자 낯익은 성우 목소리가 흘러나온다. "자~ 여러분 재미있으셨나요? 그럼~ 우산을 들어 주세요." 그가 분장을 지우면서 출연자 대기실로 걸어내려오는데 갑자기 불이 켜진다. 이어 경쾌한 생일 축하 음악이 흐르고, 후배 개그맨들이 한마디씩 던진다. "선배님, 생일 진심으로 축하드립니다." 이봉원은 이날 45번째 생일을 맞았다.

　분장실 안으로 들어가 둘이 마주보고 앉자 그의 시선이 위쪽에 걸려있는 방송모니터로 향한다. 그가 맡아서 진행하는 코너는 고(故) 이주일 선생의 캐릭터를 그대로 본따서 시사만평을 하는 것. 두터운 목소리로 더듬거리며 "일단 와보시라니깐요~"라고 하는 이주일 선생의 모습과 너무나 닮아있다. "이주일 선생님의 분신을 빌려서 시사만평을 하는 거죠. 직접적인 표현은 아니지만, 가급적이면 사회현상을 있는 그대로 옮기려고 해요. 그분도 한때는 정치인이셨으니까 직접적인 묘사를 하려고 합니다."

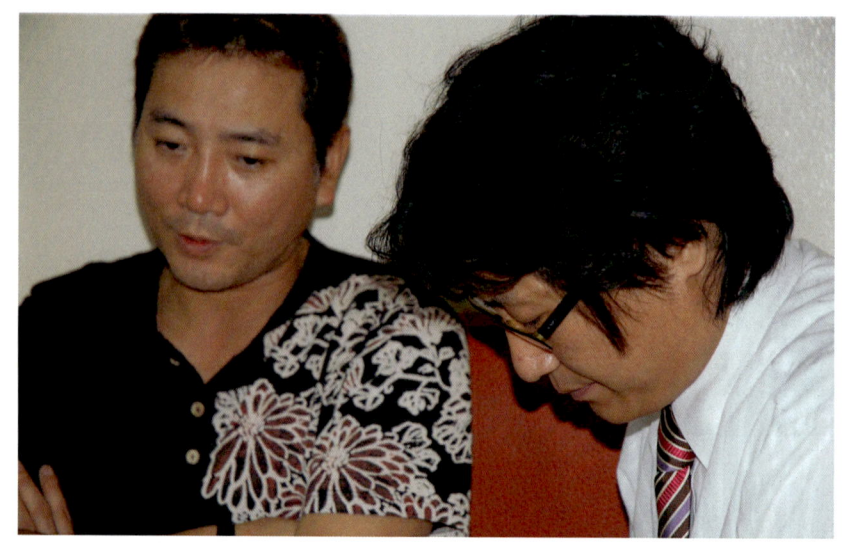

그는 모방적인 캐릭터 연기에도 단순 흉내와 세밀한 분석에서 표현되는 인물 묘사와는 그 차이가 있다고 말한다. "캐릭터의 단순 흉내는 연기가 아닙니다. 그렇지만 철저하게 고민하고 분석해서 표현하는 코미디 연기와는 차이가 있죠. 이미지는 같아 보이지만 단순한 흉내로 보기는 어렵죠."

1984년도에 KBS 개그 콘테스트로 데뷔한 그는 20여 년이 넘는 세월 동안 수많은 코미디 프로에 출연하면서 시청자들의 사랑을 한몸에 받았다. 같은 코미디 연기를 표현해도 그의 캐릭터는 탄탄한 연기가 뒷받침돼 새로운 희극 캐릭터를 만들어냈다.

"자연스러운 웃음이 제일 중요한데, 그게 가능해지려면 연기가 뒷받침돼야 합니다." 코미디 연기를 익숙하게 해내는 후배들이 없어서 안타깝다고 말을 하면서 이어간다. "요즘은 말로 시작해서 말로 끝나는 코너들이 많아졌어요. 30~40초 개그 코너는 한계가 있습니다. 코미디는 말의 재미보다는 콩트로 전달되는 배우들의 연기가 중요하잖아요. 눈물, 콧물 쏙 빼놓을 수 있는 게 코미디 연기라고 생각해요."

그는 그만큼 콩트 코너 개발이 중요하다고 말을 한다. 한창 활동할 무렵, 코미디 연출을 공부하기 위해 일본으로 건너갔었다. "다양한 장르의 코미디 연출을 해 보고 싶었죠. 동시대에 적합한 코미디 프로를 개발하고 시도해 보고 싶었고요."

이 시절 그는 코미디언으로서 마음을 비우고 철저하게 학생 신분으로 많은 것을 담고 느꼈던 제2의 인생이었다고 말한다. 그러면서 그의 아내 박미선 씨에게 고마움이 컸다고 이야기한다. 돌아온 후에는 코미디 프로그램 개발을 위해 프로덕션을 설립해 직접 연출도 하고 코미디언이 되겠다는 후배들의 연기 지도도 직접 했다. 처음 코미디를 했을 때가 그리웠는지 분위기가 무거워졌다. "우리 때만 해도 데뷔해서 1, 2년은 단역만 했어요. 선배들이 출연하면 옆에서 지켜보면서 많은 것들을 배우고 연습했어요. 대본이 시커멓게 될 정도로 도움 될 만한 건 다 적었지요. 대본이 교재였던 셈이죠. 배역을 맡기 위해 눈물 나도록 연습하고 또 연습했어요."

많이 웃기 위한 방법이 있는지 물었다. 그가 껄껄 웃더니 "관심을 갖되 마음을 비우세요. 그리고 긍정적인 생각을 꼭 가지세요. 안 그러면 우울해진다니까요. 그래야 웃을 수 있습니다."

개그맨 최양락

"코미디에도 철학이 존재… 그걸 지켜가면서 개그를 만드는 게 코미디언"

코미디언 최양락을 만났다. '네로25시', '고독한 사냥꾼', '괜찮아유~', '알까기' 등 숱한 유행어와 기억에 남을 만한 코미디 작품을 남긴 그를 빼놓고는 1980, 90년대 개그 사를 얘기할 수 없다.

그는 특유한 음성과 목소리 톤은 새로운 개그 버전을 만들어냈다. 그의 개그는 유행어만 남는 게 아니라 그가 표현해 낸 캐릭터 이미지까지 깊게 남아있어 그를 생각하면 웃음이 나온다.

3년 후에는 데뷔 30년이 되는 그는, 아직도 현역 개그맨이다. 그의 모습에서 코미디에 대한 남다른 철학이 깊게 묻어난다. 활동하고 있는 후배들 얘기부터 꺼낸다. "코미디가 많이 변화하고 있어요. 다행스러운 일입니다. 후배들이 재주는 더 있는 것 같은데… 생명력이 짧아지고, 소품화되어 가는 것 같아서 안타까워요." 한마디에 진지함으로 대답을 해오는 그이지만, 말할 때만큼은 늘 웃는 표정이다.

"무겁지도 가볍지도 않는 게 코미디입니다. 코미디에도 반드시 철학이 존재해요. 웃음이 간단한 게 아니거든요. 그걸 지켜가면서 개그를 만들고 표현하는 게 코미디언입니다. 재능도 중요하지만 재능을 발전시키는 노력이 더 중요하죠."

그가 말하는 코미디는 온 가족이 함께 볼 수 있는 프로그램이라고 말한다.

"3대가 모여서 코미디 프로를 봐도 세대에 경계가 없었어요. 그만큼, 웃음의 효과는 다양해야 합니다."

그는 코미디언의 역할론을 강조한다.

"개그 아이디어가 도구화되어 가고 있어서 아쉽습니다. 우리 세대에는 시사, 정치 코미디를 하면 서민들이 웃고 울었습니다. 공감대가 있었던 거죠."

그가 뱉어내는 코미디 이야기에 한국 코미디사가 한 줄에 툭 하니 꿰어진다. 만담에서 악극으로 이어지고, 악극의 세계를 넘어 '웃으면 복이 와요', '유머 일번지', '청춘만세', '토요일 전원 출발' 등 프로그램 이름만 들어도 웃음이 터진다. 거기에 재미있었던 선배 코미디언들의 일화까지 곁들이니 웃음이 그치지 않는다.

"요즘 개그는 그렇잖아요. 10초 안에 웃음이 안 나오면 채널이 바뀌잖아요. 개그맨들이 그만큼 심리적인 압박이 강해지니까 빨라지고 개그가 강해진 겁니다." 이 이야기를 꺼내면서 한 시대를 풍미한 고(故) 서영춘 선생 얘기를 꺼낸다. "서영춘 선생님은 살아계실 때 관객들이 웃지 않으면 무대에서 안 내려오셨어요. 웃을 때까지 코미디를 하신 겁니다. 그게 정신이에요."

개그의 정석은 무엇일까 궁금해졌다. "재주와 황당한 말로 웃음을 주는 게 아니고 요. 철저하게 연기가 뒷받침된 표현과 연기력이 중요합니다. 그 안에 캐릭터가 살아서 움직여야 합니다." 코미디언으로서의 캐릭터의 중요함을 다시 강조한다. "캐릭터의 변화는 계속되어야 합니다. 코미디언으로서의 전통 연기는 필수죠. 10년 후에도 개그콘서트에 나와서 웃길 수 있어야죠. 그런 겁니다."

30년 가까운 세월을 시청자와 함께하고 있는 그만의 장수 비결은 무엇일까.

"코미디만 생각합니다. 아이디어를 얻기 위해서 책, 뮤지컬, 연극, 닥치는 대로 섭렵해요. 그 안에서 새로운 코미디 버전을 발견합니다. 대사에서 힌트도 많이 얻어요."

그는 연극을 많이 관람하는 개그맨으로 유명하다. 대학에서 전공이 연극이기 때문이 아니라, 코미디언이 아닌, 배우로서 연극을 바라보고 생각한다. 연극 얘기를 꺼내면서 전통 연기를 해보고 싶다고 말한다.

몇 초 안에 웃음을 내야 진정한 개그맨일까. 이 퀴즈에 그는 진지하게 답을 한다.

"5, 10초 안에는 깊은 맛이 나올 수 없어요. 10분 이상의 시간이 필요해요. 이야기를 해나가면서 터지는 웃음의 맛, 그게 진정한 웃음입니다." 이 말을 하면서 꼭 하고 싶은 이야기가 있다고 말한다.

"옛날 것을 구닥다리라고 하지 마시구요. 옛날 거지만 옛날 게 좋잖아 유~~" 그의 말투는 언제나 구수하다.

가수 김상혁

"운동을 하면 마음가짐이 긍정적으로 바뀝니다. 운동 꼭 하세요."

그룹 '클릭비'의 멤버 김상혁. 음주사건 이후 2년 4개월 만에 인터뷰를 한다는 그를 만났다.

모자를 푸욱 눌러쓰고 들어서는 그의 모습이 조심스럽고 또 조심스러워 보였다. 쉬면서 꾸준히 운동을 한 덕분인지 얼굴은 전보다 좋아보였다. 뭐부터 얘기해야 할까. 한참을 망설이다가 나도 모르게 "술은 얼마나 마셔요?"라고 물었다. 2년 4개월 동안 아파했던 마음을 다시 꺼낸 것 같아서 미안하다는 생각이 들어 그를 쳐다보며 인심 좋은 아저씨처럼 웃었다. 그도 따라 웃으며 "좋아하는데 즐겨먹지 않는다."고 천천히 또박또박 이야기를 이어나갔다.

"작은 것에 감사하다는 생각을 가지게 만든 시간이었어요. 저도 힘들었다면 힘든 시간이었지만 장애를 가지신 분들을 만나면서 오히려 제가 더 작아지는 것을 느꼈죠." 마음고생을 많이 했는지 말의 톤이 촉촉해졌다. "하느님이 저한테 너무 좋은 시간을 주셨어요. 감사하게 생각하고 있어요."

식상할 정도로 자기반성의 모습을 보이면 남아있던 인간적인 감정까지도 식어버리는 법. 하지만 그의 태도는 다르게 보인다. 말끝이 흐려지게 무섭게 모자를 깊게 눌

러쓴다. 절실한 마음으로 표현한다 해도 그를 사랑해주었던 팬들에게 빚 갚음이 되지
는 못하겠지만 그는 진정으로 울고 있다.

그는 클릭비 전 멤버인 우연석이 결성한 힙합 듀오 '메인스트림'의 '스팅' 뮤직비디
오에 우정 출연하며 2년 만에 조심스럽게 활동을 재개할 것이라고 했다.

"누가 뭐라고 해도 앞만 보고 가고 싶어요. 잘못을 노력으로 대신할 수 없지만요.
좋게 봐 주실 때까지 정말 열심히 할 겁니다."

김상혁은 앞으로 연기를 하고 싶다고 했다. "제가 솔직하고 재미있는 이미지잖아
요. 폼 잡고 무거운 캐릭터보다는 인간적인 느낌이 풍기는 연기를 하고 싶네요." 그는
시트콤하고 인연이 깊다. 주인공을 맡고 배역에 익숙해질 무렵 음주운전으로 사고가
날 때까지 그가 맞은 최고의 전성기였다. 오락 프로그램에서 그는 빠지지 않는 단골손
님이었고, 라디오 방송에서는 그를 좋아하는 마니아층도 두터웠다. "라디오 프로그램
도 다시 해보고 싶어요. 라디오만의 매력이 있거든요. 청취자들과 솔직한 얘기를 터놓
고 하고 싶어요. 들려 드리고 싶은 음악도 잔뜩 준비해 됐고요."

방송에 비친 미련스러울 정도의 그의 솔직한 이미지가 리얼한 캐릭터인지 물었다.

"남들이 봤을 때 어색함이 없는 게 좋잖아요. 더 자연스러워지려고 노력했던 거예요."

그와 마주한 시간도 4시간이 흘렀다. 한마디 하고 다음 말이 나오는 시간이 길었지만 그의 솔직하고 담백한 말투는 시선을 끌고, 그를 신뢰하게 만들었다. 라면을 제일 좋아한다고 말하는 그는 운동 때문에 좋아하는 면 종류도 뚝 끊었단다. 그러면서 2년 4개월 동안 하루도 빠짐없이 하루 3시간 동안 운동을 하면서 한 가지에 집중하고 많은 생각을 한다고 얘기한다. "운동을 하면요. 마음가짐이 긍정적으로 바뀝니다. 운동 꼭 하세요."

운동을 하면서 그는 철저하게 자신의 외로움과 싸웠다고 말하면서 아직 이겨내야 할 게 많다고 말한다. "쓴 소리 먹는 게 당연하지만요. 김상혁을 더 생각해 주셨으면 합니다."

개그맨 김원효

"다양한 일을 해보고 경험을 해봐야 생각의 폭이 넓어져…"

개그콘서트 '내 인생에 내기 걸었네'에서 김 형사로 나오는 부산 사나이 개그맨 김원효. 그를 만나기로 한 약속 장소에서 기다리는데 갑자기 장대비가 끝없이 쏟아졌다. 비바람이 밀려오고 출입문 소리가 요란하다. 두 손으로는 바지를 추켜올리고, 떨어진 빗물을 툭툭 털면서 들어선다. 부산자갈치 시장이 생각났다. 부산 사투리로 인사를 건네는 모습이 영락없는 부산 촌놈이다. "목소리 톤을 고치려고 했는데요. 내가 더 자연스럽지 못한데 듣는 분들도 그럴 것 같아서 사투리로 편하게 말해요. 이게 듣기에 편하시죠?" 옅게 웃는 표정을 지어도 얼굴 근육 전체가 움직여지고 웃음기가 가득한 얼굴로 바뀌는 모습이 개그맨으로서는 최상의 얼굴이다 싶다.

김원효는 데뷔 경력 3년차 신인이다. KBS '개그사냥'으로 데뷔하고 '폭소클럽'에서는 '친절봉사대' 코너를 맡으면서 얼굴이 알려졌다. 하지만 무명 시절도 길었다. 살기 위해서 전단지 아르바이트부터 안 해 본 게 없다고 말한다.

"전단지를 돌리다가 절 알아보시고는 '방송은 안 하세요?'라고 말을 거는 분도 계셨어요. 그러면 전 그냥 솔직하게 말해요. 이상할 건 없으니까. 남을 의식하진 않아요. 하지만 마음고생은 심했죠. 이 악물고 코미디 연습에만 매진했어요."

그는 "그 모든 경험들이 배우가 되기 위한 훈련의 시간이었고, 자신을 단련시켜 준 스승"이라고 했다. "사람들이 갖고 싶다고 해서 다 가질 수 없잖아요. 제 자식을 낳아도 세상에 모든 일은 다 시키고 싶어요. 다양한 일을 해보고 경험을 해봐야 지혜롭게 살죠. 경험은 마음을 살찌우게 하고, 생각의 폭을 넓힐 수 있어서 좋아요"

시청자의 웃음 코드는 상당히 빠르게 변화하기 때문에 개그맨의 스트레스는 만만치 않다. 그에게 다음 코너에 대한 부담감은 없는지 물었다. "코너의 부담감은 개그맨들 누구에게나 해당되는 이야기겠죠. 이대로 끝나면 안 된다는 절박함이죠. 지금 후속 작품을 연습 중에 있는데 다음 코너도 자신 있습니다. 잘 될 거예요."

그가 아르바이트로 하면서 얻어진 습관 중에 하나가 생각나는 아이디어를 수첩에 적는 것이라고 했다. 하지만 문제는 자신도 알아보지 못하는 악필. 적어두었던 글씨를 해독을 못하는 일이 종종 벌어진다며 그는 쑥스러운 웃음을 지었다.

지금의 그가 있게 한 데는 부모님의 노고도 컸다. 특히 아버지는 하루에 수십 번 문자로 개그 아이디어를 날려 주신다고.

"운세부터 시작해서 안 보내시는 게 없죠. 한번은 50개의 문자를 한꺼번에 보내셨는데 그중 쓸 만한 게 하나도 없었어요. 딱 한 개 아버지 아이디어를 차용했지요"

만홧가게의 외동아들로 태어난 그. 그의 아이디어가 만화책과 연관성을 가지는지 궁금했다. 그랬더니 부모님이 22년 동안 가게를 하시는 동안, 한 번도 만화책을 본 적이 없단다.

"책만 보면 잠이 와서 그땐 만화책을 전혀 보지 않았죠. 하지만 이상하게도 부모님이 가게를 그만두시고 제가 서울 생활을 시작하면서부터 만화책이 그리워져 가끔 찾게 되더라고요."

그는 부모님 생각에 갑자기 마음이 착잡해지는 듯했다. 끝으로 하고 싶은 말을 물었더니 부모님께 지면을 빌려 마음을 전하겠단다.

"걱정 좀 안 하셨으면 좋겠어요. 요즘 부산에는 왜 잘 안 내려오냐고도 하시는데 죄송스런 마음뿐이에요. 빨리 성공해서 부모님과 함께 한 집에서 살고 싶은데 진정한 효도를 못하고 있어 죄스럽죠."

탤런트 유인촌

"사람 살아가는 게 문화… 지역 고유문화 육성을 위해 정부 지원을 아끼지 말아야…"
"연극은 그냥 주어진 일이라고 생각하고 가는 것…"

서울에서 전라남도 땅끝마을까지는 대략 600km가 된다. 승용차로 이동을 한다고 해도 오가는 데만 8시간 이상이 소요되는 만만찮은 거리다. 쇠도 휘어질 듯한 불볕더위 속에서 땅끝, 남원, 함양을 지나 거창으로 걸어가고 있는 유인촌을 만났다. 그와 만나기로 해놓고는 난감해졌다. 뚜렷한 약속 장소가 없어서다. 그가 가르쳐준 위치 정보라고는 함양을 지나서 국도를 따라 거창으로 향하고 있다는 것뿐. 한참을 헤매다 거창까지 16km 정도 남은 지점에서 26번 국도를 따라 갓길을 걷고 있는 그를 발견할 수 있었다.

지난달 27일 출발해서 벌써 11일째 계속 걷고만 있는 그 반바지 차림에 등산 가방을 달랑 메고 황토색으로 염색한 띠를 이마 한가운데 동여맨 그의 차림새는 영락없는 이웃집 아저씨다. 함께 걸으면서 이야기를 나눴다. 잠시를 걸었지만 벌써 숨이 막혀온다. "더운데 왜 걷습니까?"라고 당연한 질문을 던졌다.

"걸으면 몸도 마음도 가벼워져요. 걸으면서 더 많은 세상을 볼 수 있고, 마음에 담겨있는 것들을 정리할 수 있어서 좋아요"

하루 40km씩 걷는다는 게 쉬운 일은 아니다. 그는 '걷는 것에 즐거움을 느낀다'고 말하지만 오로지 자신과 처절하게 싸워서 이겨내야 하는 그의 모습에서 외로움이 비쳤다.

"지역마다 사람이 다르고 문화가 다르잖아요. 걸어오면서 많은 사람들과 대화를 나누고 지역도 느껴보고, 자연과 문화에 대한 소중한 경험들을 하면서 내가 뭘 해야겠구나 하는 생각을 들게 만들지요." 길을 지나던 차량들 속에서 응원의 소리가 터져 나온다. "우와~ 유인촌이다. 아저씨 왜 걸으세요? 파이팅입니다!" 그가 더 힘차게 손을 흔들면서 답례를 한다.

1974년도에 일일드라마 〈강남가족〉으로 시청자들한테 첫 데뷔 무대를 치른 그는, 이십 년이 넘는 세월 동안 수십 편 드라마에 출연했고, 연극도 꾸준하게 올리면서 무대에서는 카리스마 넘치는 에너지로 관객을 휘어잡았다. 서울문화재단 대표를 맡고는 크고 굵직한 문화 관련 일을 하면서 문화행정가라는 명칭까지 얻었다.

그는 서울문화재단을 일을 맡으면서 '선택과 집중'이라는 기치를 세웠다.

"문화 관련 예산이 생계보조형 차원으로 이루어지는 게 싫었어요. 그러다 보니까 경쟁이 없는 거예요. 당연히 발전도 없죠. 엄청난 돈이 목적 없이 사라지는 것이 싫어

서 '선택과 집중'을 택했습니다."

300km를 걸어오는 동안 장염과 탈수로 입원도 했었지만, 정신력 하나로 무장하고 다시 걸었다. 발뒤꿈치에 금이 가고 물집이 생기고 터지면서 걸어왔지만, 지역 곳곳의 자연과 문화를 보고 걸으면서 두 발이 땅을 향해 내딛는 것 자체에 감사한 마음이 들었다고 했다.

"사람 살아가는 게 문화예요. 문화는 삶의 질을 높이기 위해서 있는 거잖아. 지역마다 삶의 방식이 다르기 때문에 그 고유한 문화들의 독창성들을 존중해야 합니다. 그걸 키우고 육성해야 하죠. 지역의 고유문화들을 육성하기 위해서는 기업이 나서고 정부가 지원을 아끼지 않아야 합니다."

이 말을 듣고 '혹시나 정치성과 연관은 없는 걸까' 하고 조심스럽게 물어봤는데, 시원하게 답을 내려놓는다.

"문화 관련 일은 문화를 아는 사람이 하는 겁니다. 전 문화 전문가입니다. 정치적 의도는 없어요. 문화의 희망이 보일 때까지 일을 할 거예요. 정치를 생각했다면 걷지 않고 유세하면 되잖아. 그런데 난 걷잖아요. 다른 거지요."

그는 방송을 해서 번 돈을 연극에 다 쏟아붓기로 유명하다. 그의 인생에 있어서 연극은 버릴 수 없는 그의 분신이자 삶이다.

"방송에서 번 돈 다 연극에 투자했어요. 돈 벌려고 한 게 아니라 그게 좋아서. 그냥 내 일이에요. 연극은 그냥 주어진 일이라고 생각하고 가니까 실패를 하든 성공을 하든 담담해지는 거죠."

방송을 안 하게 된 이유도 힘이 있을 때 무대에서 연극을 하고 싶어서라고 말할 정도로 연극에 철저하게 몰입해 있었다. 그는 인생의 황혼이 돼서 많은 것을 담아 낼 수 있을 때 다시 방송으로 돌아가겠다고 했다.

거창국제연극제 현수막이 이제 거창 땅에 도착했음을 알렸다. 20km를 같이 걸어 오면서 손수건으로 흘러내리는 땀도 닦지 않는다. 물 한 모금 마시지 않고 오로지 걷기 에만 집중되어 있다. 다음날 폭우가 쏟아지고 있었다. 걱정되는 마음으로 전화를 걸었 다. "비가 이렇게 쏟아지는데도 걷고 계십니까?" "비가 오나 눈이 오나 걷습니다."

개그맨 김쌤 김홍식

"로미오, 니 웬일이고 여긴 우짠 일로 왔노."

폭소클럽 1·2에서 그가 '떴다 김쌤'이라는 코너를 진행할 때 그만의 향이 팍팍 버무려진다. 김쌤의 유쾌한 강의는 살아가면서 생각해봐야 할 삶의 지혜들을 살짝 버무려서 얘기한다. 게다가 갖은 양념을 다한 사투리 화법의 재미는 보너스다. 검정색 뿔테 안경을 턱 하니 쓰고 나타난 우리의 선생님, '김쌤'.

마라토너 이봉주와 흡사한 분위기를 내는 턱수염이 예사롭지 않다. 안경을 벗으면 영락없는 이봉주의 얼굴이다. "쌤여~ 질문 있습니더. 마로토너 봉수 형님하고 와 이리 닮았는교?" 말이 떨어지기 무섭게 답이 날아온다. "아무 이유 없어~. 이봉주 선수를 한 번도 만나본 적은 없어요. 한번 보면 좋을 텐데."

그의 사투리는 연극무대라고해서 별 다르지 않다. 〈로미오와 줄리엣〉 연극에 출연해서도 "로미오, 니 웬일이고 여긴 우짠 일로 왔노"라며 그만의 독특한 화법을 그대로 구사했다.

"연극 연습을 표준어로 하는데 어색한 거예요. 듣던 연출자가 '김쌤, 원래 말투로 갑시다' 해서 대사를 전부 사투리로 해버렸죠."

방송에서 '김쌤'으로 떠버린 그는, 방송 출연 후에는 밖에서 담배도 마음대로 피지

못했단다. 지나가다가 담배를 피고 있는 그를 보면 "쌤여~, 쌤이 함부로 담배를 피워도 되는 겁니까?" 한다는 것. 선생님 캐릭터도 일상생활에서는 피곤한가 보다. "그 일을 겪은 후에는 '아~ 내가 공인이구나' 생각하고 자제하게 되더라고요." 그는 대구 토종의 경상도 사투리로 스타가 됐다. 거기에 덧붙여지는 맛나고 재밌는 강의 솜씨는 그를 전국구 개그맨으로 만들어 주었지만 그한테도 시련들은 있었다.

대구에서 이벤트 MC로 출발했던 무렵의 이야기다. "이벤트 MC로 무대에 서다보면 제 기분과 상관없이 남을 즐겁게 해야 할 때가 있잖아요. 초창기라서 그런지 우울해지고 슬프더라고요. 사무실에 쪽지 한 장 덜렁 남겨놓고 MC 안 한다고 도망도 몇 번 갔었어요."

마음고생이 심했던 시절에는 이벤트 MC 무대와 거리감을 두려고 했지만, 타고난 재능은 속이지 못하는 법. 늘 그가 있던 자리는 그를 바라보고 있는 관객들이 있었기 때문에 다시 돌아올 수 있었다고 말한다. 마음이 흔들릴 때 그를 잡아준 사람은 조정환 씨라고 말한다.

당시만 해도 이벤트 MC라는 게 전문화되어 있지 않았던 시절, 대구 이벤트 MC들이 전국적인 유명세를 탈정도로 굳건하게 자리를 지켜준 방우정, 조정환, 김홍식, 김제동 등의 화려한 입담이 있었기에 가능했던 일이었다.

"우리 지역 분들을 웃길 수 있다는 건 전국구가 가능하다는 얘깁니다. 그만큼, 대구에서 웃음이 터지면 전국적인 유머가 되는 거죠."

그는 김쌤의 캐릭터를 영원한 고유 브랜드로 개발하고 싶다고 말한다. "한 번 쌤은 영원한 쌤이잖아요. 세계 유명 코미디언들은 각자의 고유한 캐릭터가 있어요. 그 캐릭터로 평생을 가는 거죠. 제가 할 수 있는 역할을 제대로 표현하는 코미디언이 진짜 배우가 아닐까요?"

요즘 들어서는 몸이 두 개라도 모자랄 정도로 바쁘다고 했다. 영화와 드라마도 찍었다고 한다. 영원한 쌤으로 남고 싶다는 김쌤. 그런데 그가 아이들에게 가르치는 좌우명은 뭘까. "글쎄요. 전 아이들한테 '인생은 직진이다'라고 말합니다. 이 말을 하면 우리집사람이 좋아하지는 않을 텐데…, 하하하. 하지만 이대로 직진은 좋은 거 아닙니까~. 쌤여 같이 가입시더~."

가수 신효범

'사랑하게 될 줄 알았어요'로 오랜 공백 깬 가수 신효범

사실 난 노래를 부르는 것보다는 듣고 감상하는 쪽이 좋다. 부끄러운 고백이지만 상당한 저음, 허스키한 쉰 소리 때문에 '고음 불가'다. 그나마 보편화된 노래방 덕분에 듣기 거북하지 않을 정도로 조금 나아진 편이다.

노래방한테 감사하다고 해야 하나? 어쨌든 노래를 잘 부르지도 못하는 사람이 가수하고 인터뷰 약속을 하고 나니 상당히 떨렸다. "혹시, 노래를 잘 부르세요?"라고 물어본다면 인터뷰고 뭐고 쥐구멍부터 찾고 싶은 심정이 아닐까. '사랑하게 될 줄 알았어'(9집 앨범 타이틀곡)로 팬들 곁에 돌아온 신효범을 KBS 가요 프로 녹화장에서 만났다.

2001년 8집 '마음에 담긴 메모'를 끝으로 활동을 중단했으니, 5년 만의 나들이인 셈이다. 더 건강하고 성숙해진 모습에 시원시원한 목소리로 인사를 건넨다.

"정말 오랜만에 인터뷰하네요. 신효범을 사랑하시는 분들한테 할 말이 없었어요. 가수가 하고 싶은 얘기를 음반으로 해야 하는데…. 쉬는 동안 연습실에 살다시피 하고 제자들도 가르치고, 틈나면 골프도 치면서 하고 싶은 얘기들을 곰곰이 생각해봤죠. 그러니까 곡이 하나둘 쌓이더군요. 제가 담고 싶은 것도 있어서 이제야 앨범을 내게 된 거예요."

신효범은 동덕여대 실용음악과에 겸임교수로 학생들을 가르치고 있고, 골프는 90타 전반의 실력을 갖고 있다. 사실 신효범의 출현은 가요계의 단비와도 같은 소식이다. 고유의 창법으로 가슴까지 뚫어주는 그녀만의 보컬은 요즘 유행 음악의 반대편에 있지만 중심에 서 있기도 하다. 떴다 지는 가요계의 유행 속도에도 아랑곳하지 않고 빛나는 게 그녀의 노래다.

"저에 대한 대중들의 고정관념을 깨고 싶었어요. 신효범 하면 시원하게 내지르는 창법을 듣고 가창력이 뛰어난 가수라고 말씀들을 많이 하시는데… 가수로서는 이러한 부분이 많이 부담이 됐고, 이미지가 고정화된다는 우려감에 앨범을 준비하는 동안 창법과 느낌을 바꿨어요. 예전에는 노래로 호소하는 감정표현도 강렬했고 창법도 웅장했다면 이번 앨범에서는 포근한 느낌으로 노래하기 위해 정말 많이 노력했어요." 옆에 있던 매니저가 얼른 앨범을 한 장을 건네면서 MP3로 노래를 틀어준다. 속도감 있는 홍보다.

"노래를 부르다가 여러 번 눈물을 쏟았을 만큼 감수성이 짙게 묻어나는 곡이에요." 타이틀곡 '사랑하게 될 줄 알았어'가 그녀의 변화를 대표하는 곡이라고 한다. 감미롭고 듣기 편안한 발라드 리듬이다. 원숙미가 넘치는 부드러운 음악이지만 호소력 넘치는 음색은 감출 수가 없어 시원하면서도 감미롭다.

앨범에 수록되어 있는 곡 '좋은 사람', '사랑하게 될 줄 알았어', '이프 유 고 어웨이', '편지'(김광진의 동명곡을 리메이크)는 왜 신효범을 한국의 디바로 부르는지 깨닫게 한다.

"제 노래 너무들 좋아 하시더라고요. 키를 낮추고, 창법은 더 편안하게 하려고 했죠, 내지르기보다 소프트하게 부르는 것이 더 힘들더라고요."

2004년부터 준비한 이번 앨범 작업은 컴퓨터를 배제하고 진짜 악기로 녹음했고 '유리상자'의 박승화가 코러스를 더해 곡의 완성도를 높이는 등 재능있는 후배들의 도움도 많이 받았다고 한다.

립싱크가 만연한 한국가요계에서 그 흐름만을 믿고 다른 사람이 녹음한 것을 자기 앨범이라고 속였다가 한순간에 활동이 중단한 몇몇의 사례들을 생각해 봤을 때, 신효범은 맛집과도 같은 존재다. 인기와 각종 차트 순위에 연연하지 않지만, 항상 그 순위

위에 있다고 할까? 숙성의 세월은 가요계의 흐름을 변화시킬 수 있는 무서운 힘을 느끼게 한다.

"그런 유형의 후배들이 나쁘다는 것은 아니지만, 팬들 역할이 커요. 라이브를 못해도 호의적인 팬들이 많아서 그래요. 가수에 대해 비판할 때는 비판할 줄 알고, 가수들 공연을 라이브로 유도해야 유행을 타지 않는 좋은 후배들이 나올 텐데…" 그래도 유행을 지키고 있는 잘생기고 예쁜 후배들이 있어서 좋다고 말한다.

1988년 MBC 신인가요제에서 '그대 그림자'로 금상을 수상한 후에 9집 앨범을 세상에 내놓을 때까지 근 20년이라는 세월이 흘렀다. 만나볼수록 오랫동안 함께하고프다는 생각을 갖게 만드는 그녀. 오랜 숙성을 거친 진정한 라이브 가수이자 대형 가수였다. 더위를 싹 가셔줄 시원한 그녀의 활동이 가요계 유행의 물줄기가 되어주길 기대한다.

타고난 노래꾼 김건모

"인기를 위에 두고 곡을 만들고 싶지는 않아…"
"팬들에게 건모다운 음악을 들려주고 싶어…"

'걸프렌즈'('쿨'의 멤버 유리와 '룰라', '디바'의 채리나가 결성한 여성 듀오)의 쇼 케이스 현장에서 한참을 서성거렸다. 한참 뒤, 몇 대의 고급 승용차가 현장 앞에 멈춘다. 뒤를 이어 대여섯 명이 차에서 내리는데 누군가 옆에서 "김건모다!" 소리를 치니까 순식간에 인원이 불어나 취재진이 그 주위를 둘러싼다. 걸프렌즈보다 김건모를 취재하려는 열기가 더 대단하다 싶을 정도다.

대기실에서 김건모를 만났다. 국내 가요사에서 최다 음반 판매량의 기록을 갖고 있는 가수다워 보이지 않는다. 반바지와 슬리퍼, 헐렁한 셔츠의 너무나 서민적인 옷차림이나 털털한 이미지 때문일까.

"인터뷰할 게 없어. 내 음반 내고 인터뷰해야 하는데…. 걸프렌즈 음반 작업에 도움을 조금 줘서 응원하러 온 거야. 그냥 시원한 맥주 한잔 하자."

그렇게 잠시. 어색한 자리에서 시원하지도 않은 맥주를 홀짝거리고 있는 게 가시방석에 앉아 있는 듯 참담한 기분이 들어 요즘 영화판에 감칠맛 나는 연기로 한창 주목받고 있는 K 얘기를 꺼냈다. 배우 K는 서울예대 연극과 출신 배우로, 김건모와는 대학

동기(김건모는 국악과 86학번)인 셈이다. 학창시절 스토리를 '쫘악~' 꿰고 있다는 생각
이 들었는지 말문이 금세 트이면서 맥주가 갑자기 시원해지기 시작했다. 갑자기 테이
블 위에 놓인 빈병들이 쌓여간다.

　　"노래와 작·편곡에 관심을 가진 것은 중학교 3학년 때부터야. 어려서부터 노래에
푹 절어서 살았으니까 비공식적인 데뷔는 더 빠른 셈이지. 대학시절에는 피아노 실컷
치면서 때와 장소를 가리지 않고 노래 연습에 미쳐 살았고…. 해군 홍보단에 입대해서
부터는 프로의 기질을 배우고, 제대 후에는 그룹 '평균율'에서 보컬하고 건반을 맡아서
활동하던 중에 김창환 형을 만나서 데뷔하게 됐지. 이때부터 내 음악세계가 형성되기
시작했던 것 같아."

　　주당인 그다. 그러다보니 가끔은 술을 마시다 영감을 받아 녹음실로 달려가기도
한다. "필(feel)이 오면 영감을 받은 곡을 한꺼번에 녹음하는 일이 종종 있지. 늘 생활
속에서 음악을 생각하니까 자연스럽게 생겨난 버릇이랄까." 사실 김건모는 9집 앨범을
준비할 당시에 음반 수록곡 10곡 중 9곡 녹음을 마쳤는데, 총 20여 시간밖에 녹음실을
사용하지 않아 주위 사람들을 놀라게 한 적도 있다. 8집 히트곡 'my son'을 녹음할 당시

에 딱 두 번 노래를 부르고 녹음 끝내기도 했다고 한다. 일반적으로 10곡을 녹음할 경우 신인은 최대 100시간, 아무리 숙련된 가수라도 50시간 이상이 소요된다고 하니까 일상생활에서 김건모의 음악 집중력은 알 만하다는 반증인 셈이다.

"가수로서 앨범 발매시 히트곡을 내지 못하는 것도 상당한 부담일 텐데 음악적 변신은 지금도 현재형이냐"라고 물었다. 사실 그는 9집 앨범이 성공을 못 하자 진지하게 본인의 음악세계를 돌아보게 됐다고 했다. 그렇게 진통과 고심 끝에 세상에 내놓은 10집 '남이야, 서울의 달'이란 노래는 영화 〈레이〉를 보고 영감을 받아서 스윙 재즈풍 리듬에 푹 절여서 발표를 했었는데, "기대 이상의 큰 호응은 없었다."고 말하면서도 한결 여유로워 보인다.

"인기를 위에 두고 곡을 만들고 싶지는 않아. 현실적인 시장논리를 생각하면 여러 가지로 부담스러운 건 사실이지만, 나이 들어서도 노래 부르기를 즐기는 선배들처럼 평생을 좋아하는 음악을 담고 변화하면서 팬들에게 건모다운 음악을 들려주고 싶어." 말을 이어가는 동안 그의 눈에서 빛이 났다.

괜히 분위기 다운되는 얘기만 꺼내고 듣는 것 같아서 화제를 돌렸다. "형, 나이 마흔이 됐는데 좋은 사람 만나서 결혼해야죠."라고 묻자 "결혼은 아직 생각 없다."고 잘라 말하는 그의 모습에서 단단함이 보인다. 그 단단함은 대중가수로서 자신의 음악세계에 더 다가서고 영원한 수수께끼에 도전하고자 하는 진정한 가수의 예술적 혼이 묻어있다.

"10월 말 새 앨범을 내놓을 계획이어서 여전히 바쁘게 살고 있다."는 그의 모습에서 늘 새로운 음악을 추구하려는 변신은 그에게 평생 유효할 것 같아 보였다. 그것이 '건모다움'이다. 음반 판매량과 인기, 성공과 실패를 연연하지 않고 본인 스스로 진정한 가수로서 김건모를 만나려 하는 까닭을 이해할 수 있을 것 같다. 천생 이 시대에 타고난 노래꾼이라는 생각이 든다.

배우 김병춘

"배우로서 선 위치에서 무엇을 담아서 어떻게 보여 줄 것인가가 더 중요…"

배우 김병춘. 그는 팬들이 내미는 사인 종이가 아직 익숙하지 않은 배우다. 벌써 무대 경력 27년째. 영화 〈바람난 가족〉과 〈천군〉, 〈말죽거리 잔혹사〉, 〈비열한 거리〉 등 십여 편의 영화를 찍었고, SBS에서 방영된 드라마 〈패션70〉에서는 개성 강한 재단사(방육성)로 출연해 시청자들의 시선을 받았지만 아직 길거리에서 그를 알아보는 사람은 많지 않다.

대학로의 허름한 술집 안. 영화 촬영 중이라 하얗게 탈색시킨 머리를 감추기 위해 털모자를 푹 눌러쓴 김병춘과 만났다. 그는 늘 김병춘이 아니면 표현할 수 없는 연기 스타일로 시선을 잡아끄는 배우다. 그래서인지 그를 잘 아는 연극 연출자들이나 감독들은 그를 무척이나 아낀다. 그만큼 그의 연기는 식지 않은 강렬함을 담아내기 때문이리라.

일단 그가 영화 〈바람의 전설〉에서 보여줬던 춤 실력부터 물어봤다. 배우 이성재가 춤의 지존인 박 노인을 찾아가는 장면에서 그는 구부러진 허리를 곧게 펴고는 두 다리를 쫙쫙 뻗으며 멋들어진 춤을 보여줬었다.

"극중에서 묘사된 만큼 잘 추는 솜씨는 아니지만 영화를 찍기 위해 수개월 동안

춤을 배우러 다녔어. 다행히 연극을 하면서 다져진 유연함이 있어서 남들보다 빨리 배울 수 있었던 것 같아."

그는 자신을 '콤플렉스가 많은 배우'라고 소개했다. 배우답지 않은 외모 때문이란 다.

"대학을 들어갔는데 다들 나보다 잘생기고 잘난 것 같더라고. 학과 특성상 외모가 중요하잖아. 그런데 나는 목소리도 시원찮은데다 몸매도 통통하고…. 굉장한 콤플렉스를 느꼈어." 이 말부터 그의 목소리에 힘이 실리기 시작한다. 그러더니 물 한잔을 시원하게 비운다.

"그래도 포기할 수가 없었지. 콤플렉스를 어찌 할 수 없다면 장점으로 바꿔보자 싶었어. 일단 몸에 딱 붙는 무용복 타이즈부터 샀지. 몸이 확 드러나잖아. 애들은 원숭이 보듯 낄낄대고 웃고 난리였지. 그래도 나는 신경 뚝 끊고, 그때부터 '연습실이 집이다'고 독하게 마음먹고 한 2년쯤 버텼어. 그러고 나니까 배우로서 균형감이 쌓이기 시작하더라고."

그는 극단 목화에서 셰익스피어 작품 〈로미오와 줄리엣〉 공연을 완전 한국화한 공연 중에 있었던 일화 한 토막도 소개했다.

"작품에서 캐퓰릿가의 아들 머큐서 역을 맡았는데 칼에 맞고서 쓰러지는 장면이 있었어. 근데 느낌이 안 오는 거야. 그러던 중 독일 공연을 갔는데 연습 끝내고 욕실에서 '쿵' 하고 넘어졌어. 정신을 차리는 과정에서 '와우, 이 느낌이다' 싶었지. 쓰러져가면서 죽음으로 치닫는 현기증 같은 기분을 쏟아내는 2분가량 독백인데 덕분에 정말 리얼하게 표현할 수 있었지. 독일 언론의 관심도 많이 받았고" 당시 독일 브레멘 셰익스피어 컴퍼니의 극장에서 공연된 그의 공연은 연일 매진을 기록했고, 서울에 돌아와서도 배우 김병춘의 이름이 열혈 관객들의 입에 오르내리는 계기를 만들었다.

"연기는 하면 할수록 부족할 것을 발견하게 만들잖아. 영화나 연극이든 어떤 경계를 두고 싶지는 않아. 연극도 많이 하고 싶고. 배우로서의 고집은 어떤 장르의 집착이 아니라 배우로서 선 위치에서 무엇을 담아서 어떻게 보여 줄 것인가가 더 중요한 것 같아."

유명한 배우도 아닌데 뭘 인터뷰를 하고 사진을 찍느냐며 손사레를 치며 수줍어하던 그. 하지만 유명한 스타는 아니지만 그를 닮은 후배들이 더 많아졌으면 좋겠다 싶었다. 그래야 좋은 배우들이 더 많이 나와 줄 것 같기에.

트로트계 사대천왕 설운도

"가수의 인격은 노래로 말하는 것… 인기보다는 늘 빈 마음으로 살고 있어요."

대한민국 국민이라면 '김치와 고추장'에 배어 있는 우리 고유의 진한 맛과 향을 잊고 살지 못한다. 템포가 빠른 서양 음악 멜로디에 익숙해져 있다 해도 4/4박자 트로트 리듬에는 온 국민이 흥겨워 어깨를 들썩인다. 트로트와 함께한 지 올해로 23년 된 설운도. '잃어버린 삼십년', '사랑의 트위스트', '다함께 차차차', '삼바의 여인', '누이', '춘자야' 등 그의 히트곡은 '김치와 고추장'의 향과 맛을 넘어 된장 맛까지 곁들여지니, 남녀노소 불문하고 모든 계층에게 익숙하게 다가오는 건 당연하다 싶다.

반바지에 슬리퍼, 헐렁한 남방 차림을 하고 한 손으로 의상 한 벌을 달랑 들고서는 KBS 신관 공개홀로 들어서는 그의 모습에서 '트로트계의 사대천왕' — 태진아, 송대관, 현철, 설운도 — 의 모습은 찾아보기 힘들다. TV에 나와 '차차차', '사랑의 트위스트'를 간드러지게 부를 때처럼 화려하거나 요란스럽지 않다. 편의점으로 식료품을 구입하러 온 동네 아저씨 같다고 할까.

설운도는 1982년도 KBS 신인탄생 프로그램에서 5주 연속 우승으로 데뷔하기 전까지 부산에서 줄곧 살아온 경상도 '싸나이'다. 특히 그를 이야기할 때는 1983년 KBS 이산가족 찾기 프로그램에서 '잃어버린 30년' 노래를 부르던 장면을 빼고서는 얘기가 안

된다. 프로그램 테마송으로 수없이 들어야 했던 그의 노래. 수십만 이산가족들이 보며 울고 또 울고, '잃어버린 30년'이란 노래를 들으면서 감정이 복받쳐 안방이 눈물바다가 돼야만 했던 시절이었다. 결국 설운도는 이 곡으로 국민적 가수가 됐고, 그 해 KBS 가요대상 7대 가수상까지 오르는 영예를 안는다.

"5시간 만에 녹음해서 5시간 후에 첫 방송을 탔는데 동네 아지매 할 것 없이 들을 수록 쏟아지는 눈물을 참지 못하겠다고 난리가 났어요. 저도 이 노래 부르면서 얼마나 많이 울었는지 몰라요."

그 후 계속해서 '나침판'으로 인기 덤에 오르고 '혼자이고 싶어요'(1990)로 MBC 10 대 가수상을 수상하고 '다함께 차차차', '여자 여자 여자'의 연속 히트 행진이 이어지면서 우연히 만들어진 스타가 아니라는 것을 입증했다. 그런 그의 노래 실력은 어머니한테 물려받았다고 한다.

"울 어머니가 가수가 꿈이셨어요. 노래야 기가 막히게 잘 부르셨지. 어머니가 부산 해운대에서 장사를 하시면서 6남매를 혼자 다 키우셨는데 발등이 퍼렇게 퉁퉁 부어올라도 동생들을 손에 쥐고 업고 걷고 또 걸어가며 장사를 해서 우리를 다 키워주셨어. 본인 꿈은 포기하면서 말야." 미군부대에서 일하다가 약물중독으로 고생하면서 세상을 떠난 아버지를 묵묵히 지켜온 어머니가 그에게는 '부처님'이나 다름없다고 한다.

"늘 어머니는 돈 많이 벌어다 주는 아들놈보다는 밖에서 '설운도 괜찮은 놈이야' 하는 소릴 듣고 싶어 하셨어. 이웃을 항상 잊지 말고 사회에 도움을 주는 '공인'이 돼야 한다고 한결같이 말씀하셨는데…." 순간, 어머님 얘기에 눈가에는 눈물에 고여 있다. "에고마, 분장 다시 해야겠네." 하며 얼굴을 고치는 그의 얼굴에서 털털한 사람냄새가 머물고 있다. 1995년에 '삼바의 여인'을 발표하고 나서 그의 어머니(곽순자 여사)는 '장한 어머니상'을 수상했다. 그에게는 다른 어떤 상보다 가장 기쁜 상이었다고 회상한다.

분위기도 바꿀 겸 인기를 얻는 비결이 뭐냐고 물었다. "방송생활 23년째 하고 있지만 가수의 인격은 노래로 말하는 것이라고 생각해요. 채우려 하면 욕심대로 다 채울 수가 없어요. 인기보다는 늘 빈 마음으로 살고 있어요. 비워졌다 생각이 들면 다시 채워 넣고 진심어린 마음으로 시청자들한테 다가서려고 노력하니까 많이들 좋아해주시는 것 같아요. 성격도 긍정적이고 사교적인 게 도움이 많이 되고요."

진정한 마음으로 노래하는 가수가 되고 싶다는 그의 모습에서 억세지만 결코 억세지 않는 자갈치시장 아지메의 넉넉한 가슴과, 경상도 사나이의 서민적인 향이 진하게 묻어났다. 인터뷰를 끝내고 사진을 찍는 자리에서 연신 머리를 만지며 매니저에게 "오늘 머리하고 스타일 영 아닌데…. 각도 잘 잡고 잘 찍어라 잉."이라고 주의를 준다. 그래서 또 한 번 웃는다.

솔로 선언 전진

"노래로 승부하고 싶어… 이제는 가수 전진으로 인정받을 것"

뮤직뱅크 녹화장에서 가수 전진을 만났다. 춤 실력만큼은 어린 시절부터 자신있었던 전진. 그룹 HOT 강타의 소개로 서울 오금고 시절 SM 엔터테인먼트 연습생으로 발탁됐고, 1998년부터 9년째 그룹 신화에서 8집 앨범을 냈다. 그런 그가 얼마 전 솔로 가수를 선언했다.

녹화장 복도 끝에서 안무를 맡은 동료들과 함께 1집 타이틀곡 '사랑이 오지 않아요'를 연습하고 있었다. 연습을 방해하기 뭣해서 30분쯤을 지켜보고 있었다. 참 부지런한 가수라는 생각이 들었다. 스스로 만족할 때까지 연습을 되풀이한다.

잠시 쉬는 틈을 타서 사진 먼저 찍고 옆자리로 옮겨 이야기를 시작했다. 앉자마자 예감이 좋다는 말부터 꺼냈더니 표정이 밝아진다. "노래로 승부하고 싶었어요. 그동안 신화에서 랩과 안무를 맡으면서 어느 누구 못지않게 인기를 얻었지만 이제는 가수 전진으로 인정받고 싶습니다. 몇 년 전부터 솔로 앨범을 결심했고, 연습에 연습을 거쳐 이제 세상에 나오는 겁니다."

그룹 신화의 멤버에서 솔로 가수 전진으로 신고식을 치르는 게 간단치만은 않아 보였다. 솔로 데뷔를 준비하며 몸무게가 7kg나 빠졌다고 했다. 이번 데뷔 무대를 위해

2년간 준비했다는 그의 눈빛에서 비장함을 읽어낼 수 있었다.

"후배 가수들을 보며 느낀 점이 많습니다. 늦기 전에 가수로서 고칠 점은 고치고, 장점은 더 살려서 새로운 모습으로 팬들 앞에 서고 싶다는 마음이 간절했습니다. 정말 열심히 준비했습니다. 잠자는 시간 빼고는 운전하다가도 노래 부르고, 심지어 목욕탕에서 노래 부르다가 주인한테 혼난 적도 있습니다."

이런 노력에 박수를 보내고 기대하는 사람들도 많아졌다. 한번은 라이브로 노래를 부르고 들어오는데 선배 가수 이승철이 "녹음한 거 아니었어? 실력이 대단하네."라고 칭찬했단다. 그만큼 솔로 데뷔를 앞두고 많은 연습을 했다는 말이다.

얘기하는 도중 목이 말랐는지 작은 통에 담긴 물 한 병을 다 마신다. 녹화를 기다리는 그를 붙잡고 더 길게 얘기할 수 없는 상황이어서 민감한 어머니 얘기를 꺼냈다. 생모를 찾기 위해서 노래를 부르고 유명해지고 싶으냐고.

"많이 보도가 돼서 다들 잘 아실 텐데요. 4년 전 지금 어머니께서 친어머니를 찾아주셨어요. 그때 처음 뵈었는데 한 시간 동안 눈물만 흘리다가 헤어졌어요. 어머니가 나 때문에 죄책감을 갖고 살아오셨다는 말에 또 울고 또 울었죠. 어렸을 때는 내가 유명해지면 친어머니가 나를 찾아주지 않을까 하는 막연한 기대감을 갖고 있었는데,

바로 그게 현실로 이뤄진 거죠."

그는 친어머니에 대한 애정도 남다르게 보였지만 지금 함께 살고 있는 어머니에 대해서도 변치 않는 속 깊은 애정을 갖고 있다. "낳아준 정도 중요하지만 길러주신 사랑과 정은 더 소중하죠. 지금 어머니를 진정으로 사랑하고 있어요."

이야기 도중 전진 순서가 왔는지 FD가 급하게 뛰어온다. 녹화장으로 들어서는 전진 주변으로 팬들의 함성소리가 이어진다. '사랑이 오지 않아요'를 부르는 그의 모습이 모니터에 비춰진다. 객석 곳곳에서 '전진!'을 연호한다. 그룹 신화의 멤버에서 솔로 가수로 변신한 전진. 앞으로 어떤 모습으로 팬들에게 다가설지 벌써부터 기대가 된다.

개그맨 유세윤

"철저하게 역할에 몰입하는 코미디 연기자가 되고 싶어…"

2년 전 어느 날 전화 한 통이 걸려왔다. "형! 나 KBS 19기 공채 개그맨 시험 붙었어!!" 그 말을 듣고 "평생 코미디언으로 살아가도 연극정신은 잊지 말라."고 축하의 말을 전했더니 "꼭 그렇게."라고 약속했다. 전화의 주인공은 KBS 개그콘서트 '사랑의 카운슬러' 코너에서 강유미와 호흡을 맞추고 있는 개그맨 유세윤이다.

여의도에 있는 한 방송국 앞에 서 있는데 갑자기 폼나는 차 한 대가 서더니 문이 열린다. 그리고는 "형, 여긴 웬일이유?" 하며 고개를 쭉 내미는 이, 바로 유세윤이다. 피부과에서 망가진 얼굴을 치료받고 오는 길이라며 건너편 설렁탕집으로 밥이나 먹으러 가잔다. 2년 전 유세윤, 장동민, 유상무가 개그맨이 됐다며 함께 여의도로 찾아왔길래 설렁탕을 사준 그 집이다. "오늘은 내가 쏜다."며 무거운 지갑이 열린다. 사실 세윤이는 정말 무서운 짠돌이다. 설렁탕이 나오는 사이 손님들의 사인 공세가 이어진다. 밥 한 숟가락을 입에 넣고 빼는 사이 반찬에 가 있어야 할 손이 사인지로 옮겨진다. 설렁탕집 분위기는 어느 새 팬 사인회장으로 바뀌었다. 배고플 텐데 사인도 참 정성스레 한다 싶다. 식사를 마치고 건물 2층에 있는 소속사 사무실로 옮겼다.

자판기 커피를 마시며 대화를 시작하려는데 개그맨 강유미에게서 전화가 걸려온

모양이다. 한참을 웃으며 통화하길래 둘이서 정말 사귀는지 물었다. "형까지 왜 그래? 같은 코너를 하다 보니 시청자들이 잘 어울린다고 해서 와전된 거야. 게다가 개그맨 동기잖아." 사실 유세윤에게는 여자 친구가 있다. 군대 갈 당시부터 사귀기 시작했는데, 현재 유치원 교사로 근무 중이다.

어려서 배우를 꿈꾸던 유세윤. 대학시절부터 '창작과 무대'라는 연극반 활동을 하며 수업보다는 연극을 더 사랑하고 무대에서 보낸 시간이 더 많았다. 제대한 뒤 유상무, 장동민과 함께 본격적으로 코미디언이 되기 위해 밤낮없이 연습했다. 일 년쯤 지나자 당시 KBS KOREA 위성방송 정규 프로그램인 '한반도 유머 총집합'에서 5주 연속 대상을 차지했고, 어느 날 공채 개그맨이 됐다. '봉숭아 학당'에 등장한 그는 '복학생' 캐릭터로 이름을 알렸고, 이후 '장난하냐', '착한 사람', 'B.O.A' 등 맡은 코너마다 인기를 얻었다.

"개그맨은 아이디어가 중요하잖아. 개그맨들이 낸 아이디어가 채택이 되면 바로 코너로 이어지기 때문에 동료들끼리도 경쟁이 치열해. 나 같은 경우는 선후배나 동료들이 같이 하자고 하니까 운이 좋은 편이지. '사랑의 카운슬러' 코너도 유미가 낸 아이디어였어."

　본인은 드러나지 않으면서 코너를 균형있게 살려주니까 당연히 동료들의 러브 콜이 많다. 연극을 해서인지 희극배우가 되는 게 다음 목표라고 한다. "철저히 계산된 코미디 연기를 하고 싶어. 예전에 심형래 선배가 보여준 영구 캐릭터, 바로 그게 코미디 연기자라고 생각해. 단면적이고 즉흥적인 효과와 말로 웃기는 개그도 좋지만 철저하게 역할에 몰입하는 코미디 연기자가 되고 싶어."

　그는 박수소리로 자신을 평가받는 것보다는 그날 자신이 얼마나 등장인물로 몰입해서 연기를 했는지에 더 비중을 두고 있다고 말한다. 이튿날 KBS 신설 코미디 프로그램인 '웃음 충전소' 녹화장에 함께했다. 그가 맡은 코너 '막무가내 중창단'의 첫 녹화가 있는 날. 스튜디오에 들어가더니 6시간째 모습이 보이지 않았다. 한참을 뒤져서 스튜디오 한쪽에 대본을 들고 연습에 푹 빠져있는 유세윤을 찾을 수 있었다. 2년 전 연극정신을 잃지 않는 코미디언이 되겠다던 그의 다짐은 여전히 진행 중이었다.

가수 이용

'잊혀진 계절'의 잊을 수 없는 '오빠가수'

지난 토요일, '영원한 오빠' 가수 이용과 인터뷰를 위해 여의도 스튜디오로 향했다. 객석에 몸을 반쯤 기대고 한 10분쯤 지났을까. '잊혀진 계절', '바람이려오'의 주인공 가수 이용이 리허설을 위해 무대에 오른다.

청바지에 색이 들어간 안경, 헐렁한 티셔츠, 목에는 제법 큼직한 목걸이를 하고 감정을 담아 노래로 토해낸다. 1980년대 초반으로 되돌아간 느낌이다. 1981년 '국풍81 대학가요제'에서 '바람이려오'로 금상을 수상하고 KBS '젊음의 행진'이라는 가요 프로그램으로 첫 방송 데뷔를 한 후 1년 만에 3개 방송사 가요프로그램 '가수왕'을 싹쓸이 하던 그가 아닌가. 25년의 세월을 훌쩍 넘겼지만 8집을 발매한 지 2년 10개월 만에 9집 '컴백'을 발매하고서는 타이틀곡 '사랑의 상처'로 제2의 전성기를 맞고 있는 그는 여전히 건재해 보였다.

대기실 의자에 앉자마자 그는 대구 예찬론을 펼쳐 냈다. "제가, 첫 리사이틀을 당시 동대구백화점 옥상 야외무대에서 했어요. 수천 명의 팬들이 모였는데…. 아직도 대구 분들만큼 절 좋아하고 반기는 분들이 없으신 것 같아요. 지금도 대구에서 출연 섭외가 오면 출연료 생각 안 하고 달려갑니다."

　그의 나이 40대 후반을 넘어섰지만 아직도 노래를 부를 때 그 감성이 아직도 꿈틀 대고 있으니 놀랍기만 하다. 연기자분들처럼 주어진 역할에 감정을 넣어서 가사가 '대 사'라고 생각하고 노래를 부르니까 자연스럽게 감정에 몰입할 수밖에 없단다. 그렇다. 그가 노래를 부를 때 잘 살펴보면 수천 가지의 표정이 꿈틀대고 뱉어내는 가사는 살아 서 움직인다.

　그는 "이제서야 노래를 부르는 것 같다."고 했다. 무슨 말인가. 1985년 당시, 그는 누구도 부러울 것이 없는 톱스타였지만 돌연 미국 템플대 음대 3학년으로 편입해서 유학을 떠났다. "이때가 제 음악이 진하게 숙성된 시기입니다. 재즈와 화성학을 체계적 으로 배우면서 데뷔 때가 얼마나 부끄러웠는지 몰라요. 정말 죽기 살기로 음악이론에 미쳐 사니까 진짜 가수가 뭐고, 노래가 무엇인지 알겠대요. 제 나이쯤 돼서는 가수들이 보통 데뷔 때보다 한 키 정도 낮춰서 부르는데 전 아직도 26년 전 그대로 음정키 'C'를 고집하는데도 전혀 무리가 없어요. 예전 목소리와 음정 키로 노래를 부를 때까지 평생 노래할 겁니다."

　그는 1988년 아버님이 돌아가셨다는 전보를 받고 한국으로 되돌아오면서 다시 밑

바닥부터 노래 생활을 시작했다. 10여 년 세월을 노래를 부를 수 있는 곳이라면 어디든 달려가고, 틈틈이 라디오 프로그램 진행자와 노래 교실도 열면서 노래에만 전념한 세월. 그 노력은 2003년 6월, 8집 타이틀곡 '후회'를 세상에 내놓고 빛을 발했다. 당시 이곡으로 경인방송 성인가요 순위 1위에 오르고 당시 녹화장이 온통 눈물바다가 되자 후배 가수들이 대신해서 노래를 불러주었단다.

"시간이 지나 몸과 마음을 바르게 하고 절 바라보니까 제가 다시 그 자리에 서 있더라고요. 배우들이 나이가 들수록 연기에 깊이가 생기고 연기에 맛이 난다고 하는데 제가 요즘 그런 것 같습니다. 지금이 제일 행복해요."

9집 앨범 성공 여부를 물어보았다. "팬들이 이번 9집 앨범에서 타이틀곡보다는 아들(이욱)하고 듀엣곡으로 부른 '두 개의 세상', '할 수 있어'를 더 좋아하시는 것 같아서 아들놈하고 경쟁 아닌 경쟁을 해요. 음반 시장이 불황인데도 지난 4월에 곡이 발표되고 나서 5천 장을 선주문받아 시작을 한 후에 팬들이 너무들 좋아해 주시는 것 같아서 감사하죠." 현재 명지대 성악과 2학년에 재학하면서 아빠의 대를 잇겠다는 아들 자랑에 가수로서보다는 넉넉하고 포근한 아버지의 가슴으로 가까이 다가선다.

아직도 '오빠부대'에 가까운 3천여 명의 올드팬을 거느리고 있는 이용. 콘서트를 열면 이런 팬들 때문에 좌석이 부족할 정도란다. 그래, '아직도 기억하고 있어요~'라는 가사처럼, 어찌 그의 노래를 잊을 수 있겠는가. 인터뷰를 끝내고 마지막 인사에는 대구 사투리로 마무리하는 가수 이용. 꺼지지 않는 영원한 우리의 오빠로 영원하길….

가수 조은

"노래를 듣는 분들이 위로를 받을 수 있도록 다양한 감정을 담아내고 싶어…"

드라마 〈발리에서 생긴 일〉의 메인 테마곡인 '안 되겠니', 드라마 〈불새〉에서 주인 공 에릭의 테마곡이던 '내 눈물 속에'를 기억하는 사람들은 많다. 하지만 가수 조은(본 명 이현기)의 노래임을 아는 사람은 많지 않다. 하지만 OST 가수로 알려진 조은은 벌 써 3집 앨범을 내고 수록곡 '반성문'과 '머릿속으로 니가 막 걸어 다녀'로 두터운 팬층 을 확보하고 있다.

제법 쌀쌀해진 날씨 탓에 약속 장소로 정한 야외 커피숍이 유난히 야속하게 느껴 졌다. 둘 다 얼음이 꽉 채워진 아이스커피 두 잔을 시켜놓고 이야기를 시작했다. 워낙 추운 탓에 둘은 서로에게 몸을 바짝 붙였다. 가까이서 보니 훤칠한 키에 얼굴도 미남형. 대뜸 여자 친구와 이상형에 대해 물었다. 큰 소리로 웃으며 당황한 기색을 감추려 했다. "여자 친구와는 일 년 전에 헤어졌어요. 연기를 하던 친구였는데…. 서로가 너무 바빠 서. 사랑보다는 일을 택하자며 헤어졌어요. 이런 거 얘기하면 안 되는데…."

단대부고 헤비메탈 밴드인 '각시탈'에서 보컬로 활동하던 조은은 형 덕분에 자신의 음악 세계를 넓혀갈 수 있었다. "어렸을 때부터 형이 하루가 멀다 하고 록 음반을 사왔 죠. 처음에는 그저 시끄럽게만 들렸는데 어느새 그 음악을 좋아하게 됐고, 자연스레

음악을 따라 부르면서 그 음악을 하고 있더라고요." 그때 음반이 다 낡을 정도로 들었던 스키드로우, 에어로 스미스, 건즈 앤 로우지즈 늘 듣던 음악과 고교시절 주로 부르던 노래와 달리 음반을 내면서 발라드로 전향하게 된 이유가 궁금해졌다.

"고교시절에는 그저 록이 최고라고 생각했죠. 하지만 대학(서울예대 실용음악과)에 진학하면서 음악에 대한 안목이 넓어지기 시작했습니다. 다양한 음악 장르를 알게 된 거죠. 하지만 발라드 가수로서 원동력도 록에 있습니다."

앨범은 잘 팔리는지 슬쩍 물어보았다. "벌써 3집 앨범이냐며 놀라는 분들도 적잖습니다. 2003년에 1집 '아이 윌 트라이(I will try)'로 데뷔한 뒤 쉼 없이 노래를 불렀어요. 이때 드라마 〈발리에서 생긴 일〉의 메인 테마곡을 불렀죠. 1집보다 더 인기를 얻었습니다. 2004년에는 2집 타이틀곡 '슬픈 연가'가 대중적인 인기를 얻으며 진짜 발라드 가수로 인정받기 시작했습니다."

조은은 2집 앨범을 낸 뒤 1년 6개월 정도 공백을 가졌다. 한창 얼굴이 알려지고 가수로서 욕심도 부릴 시기, 이유가 궁금했다. "데뷔한 뒤 제 음악이 최고인 줄 알았습니다. 그런데 동료들에게 밀리는 게 한 순간이더군요. 그때부터 제 자신을 없애고 자기

반성을 하는 시간을 가졌습니다. 성대 결절까지 겹쳐지면서 좌절감도 많이 느낀 시기였지만 다시 거듭난 2년이었죠."

힘든 시기를 거치고 탄생한 3집은 서정적인 감수성이 다분하다. "발라드를 부르려면 가수 자신도 많이 외로워져야 합니다. 그렇게 느낀 마음을 노래 속에 담아낼 수 있죠." 감정을 담아내기 위해 일부러 외롭게 살고프다는 말에 놀랐다.

그런 그의 인생에서 모델로 삼고픈 사람은 바로 조용필이라고 했다. "그만큼의 인기를 말하는 게 아니라 국민의 정서를 대변하는 노래를 부르고 싶다는 말이죠. 노래를 듣는 사람을 때로는 신나게, 때로는 눈물짓게 할 수 있다는 게 결코 쉬운 일이 아니라고 봅니다. 앞으로 제 노래를 듣는 분들이 마음의 위로를 받을 수 있도록 다양한 감정을 담아내고 싶습니다."

야외 커피숍에서 올려다본 하늘은 어두워져 있었다. 외로움을 담아 노래하고 싶다는 그의 모습에서 외로움의 흔적을 찾기는 어려웠다. 오히려 그를 바라보는 사람들이 더 외로워질 것 같았다. 그래서 둘은 소줏집으로 향했다.

남성 듀오 듀크

"정상에 선다는 욕심을 버리고 둘이서 좋아하는 음악을 평생 했으면…"

남성 듀오 '듀크'를 만났다. 이들이 자주 간다는 청담동 카페 '실크'에서. 근처 음반 가게에서 미리 CD 한 장을 샀다. 앨범 표지에는 두 손을 모아 기도하는 아기천사 모습 이 담겼다. 마치 2년 만에 돌아온 듀크의 성공을 기원하듯. 매장에서 바로 음반을 들어 봤다. 첫 곡 '슈퍼맨'의 가사가 흘러나온다. '내가 하루만이라도 슈퍼맨이 될 수 있다면 가 원하는 것을 다 해주고 싶어~.' 김석민이 만든 아름다운 멜로디와 김지훈의 타고난 미성이 밀크쉐이크처럼 조화롭다.

서둘러 약속 장소로 갔다. 청바지에 하얀색 면티를 입은 김지훈이 기다리고 있다. 5년 만에 만난 그는 가벼운 포옹으로 인사를 대신하더니 앉자마자 대뜸 맥주 2병을 주문한다. 인터뷰를 마치고 대구까지 내려가야 할 사람은 생각도 않고. 한낮의 '취중 인터뷰'는 이렇게 시작됐다. 작년 말 대마초 복용 혐의로 적잖은 마음고생을 했을 텐데 특유의 재치와 쇼맨십은 여전하다. "팬들에게 너무 죄송스러워 인터뷰하기 겁이 나요. 하지만 새 앨범도 내놨으니 팬들의 평가를 기다려야겠죠. 들어봤어요?" 오던 길에 구입 한 CD 한 장을 얼른 꺼내놓았다. "형이 샀으니 이번 앨범 대박나겠네. 선물하려고 한 장 가져왔는데, 기왕에 샀으니 사인해드리죠."

목이 탔는지 거푸 맥주 서너 잔을 들이킨다. 금세 얼굴이 잘 익은 복숭아빛으로 바뀌더니 지난 시간 이야기를 풀어내기 시작했다. "2년 동안 너무 힘들었어요. 노출을 콘셉트로 한 4집 '포르노그래피' 인기가 바닥을 쳤고, 마약 복용 사건까지 휘말려 말 그대로 최악의 시간을 보냈죠. 그나마 석민이 형과 훌훌 털어버리자며 떠난 여행이 많은 도움이 됐죠. 마음도 많이 편해졌어요."

조금 늦게 도착한 김석민이 옆에 와 앉는다. 수술한 상처부터 물었다. 김석민은 눈밭에서 차를 밀다가 허리를 크게 다쳐 척추를 나사로 고정하는 대수술을 받았고, 작년 초에는 직접 옷을 고치다 손까지 크게 다쳤다.

현진영, 박남정과 함께 비보이 1세대인 김석민은 이태원 클럽을 주무대로 삼아 활동했다. 당시(1994년) 김지훈이 활동하던 인기 그룹 '투투'는 그의 군 입대로 해체 위기에 놓여있었고, 마침 김석민이 김지훈에 이어 '뉴투투'를 결성하며 맥을 이었다. 이렇게 맺어진 두 사람의 끈질긴 인연은 강산이 한 번 바뀌는 세월이 흐른 지금까지 변함없이 이어지고 있다.

"지훈이가 4집 앨범이 완전 망치고 난 뒤 '이젠 우리는 안 될 것 같다'며 자포자기 하더군요. 그런데 전 오히려 오기가 생겼어요. 행여 쓰레기라고 욕먹더라도 마지막이라 생각하고 좋은 앨범 한번 내보자고 지훈이를 설득했죠."

이렇게 서로의 상처를 보듬으며 탄생한 앨범이 바로 '더 리버스 오브 듀크(THE REBIRTH OF DUKE)'. 타이틀곡 '슈퍼맨'에 대한 설명도 이어졌다. "지훈이의 자전적 노래예요. 여자 친구와 만나고 헤어지는 것을 줄곧 지켜보며, 그때 지훈이가 방황하면서 털어놓은 마음을 가사로 옮겨 노래를 만들었답니다." 여자 친구 이야기가 나오자 고개를 돌리고 있던 김지훈이 한마디 보탠다. "재작년 아는 사람 소개로 여자 친구를 만나 결혼까지 생각했는데⋯. 제가 부족해서 결국 헤어지게 된 거죠."

이번 싱글앨범에 수록된 5곡 중 김지훈이 부른 솔로곡을 제외한 나머지 곡은 김석민이 작사·작곡을 맡았다. "집착할수록 지킬 수 없다는 걸 깨달았습니다. 정상에 선다는 욕심을 버리고 둘이서 좋아하는 음악을 평생 하자고 다짐했죠."

뮤지컬 배우 조승룡

"가장 세계적인 것은 결국 한국적인 색과 향이 담긴 공연"

뮤지컬 배우 '조승룡'이란 이름은 그리 널리 알려지진 않았다. 하지만 그를 아는 사람들은 한결같이 그를 우리나라 최고의 뮤지컬 테너로 부른다. 20년 동안 뮤지컬 무대를 누비고 있는 조승룡을 만나기 위해 〈명성황후〉 연습실인 '성암아트홀'을 찾았다. 그는 〈명성황후〉에서 고종 역을 맡았다.

극장 복도로 들어서자 노랫소리가 쩌렁쩌렁 울려 나온다. 한 30여 분을 지켜보고 있으니 옛날 교실을 따뜻하게 덥혀줬던 연통난로가 생각났다. 50여 명의 배우가 쉴 새 없이 뛰어다니며 뿜어내는 열기가 마치 연통난로에서 느끼는 온기 같았다.

오전 11시쯤 연습실에 도착했지만 점심도 미룬 채 연습하느라 오후 5시나 돼서야 조승룡과 자리를 마주할 수 있었다. 목에 수건을 걸치고 연습복(추리닝) 차림으로 옆에 와서는 배가 고프다며 "연습 때문에 한 시간 정도밖에 시간을 낼 수 없으니 '식당토크'를 하자."며 손을 이끌었다.

뮤지컬 〈명성황후〉와의 인연에 대해 먼저 들어봤다. "2002년도에 연출가 윤호진 씨를 만나서 〈명성황후〉와 첫 인연을 맺었지요. 그해 동양 최초로 런던 웨스트엔드 무대에 진출해서 공연을 했는데 공연이 끝난 뒤에 관객들이 일제히 일어나서 기립박수

를 치는데 눈물이 났습니다. 이 먼 타국 땅에서 가장 한국적인 뮤지컬을 사랑해 주니까 고맙고 감사했지요."

이때 주문한 메뉴가 식탁 앞에 놓이자 손과 말들이 바빠지기 시작했다. 그는 얼른 국에 밥을 넣더니 속도감 있게 식사를 하면서 말을 이어갔다.

"배우로서 가장 세계적인 것이 무엇인가를 생각해 봤는데 결국 한국적인 색과 향이 담긴 공연이 정답인 것 같더라고요. 외국 번역 작품들이 대중적일 수 있지만 우리의 정서를 표현하는 데는 한계가 있지 않습니까. 언제까지 비싼 로열티를 주면서 공연할 수도 없고. 창작 뮤지컬이 활성화가 돼서 우리 것이 풍부한 뮤지컬을 하고 싶습니다." 뮤지컬 배우로서 맏형의 위치를 차지하고 있는 그의 짐이 제법 무거워 보였다.

조승룡은 1988년 민중극단에서 올린 〈아가씨와 건달들〉로 뮤지컬 배우로 데뷔했다. 남경읍, 남경주, 주원성, 전수경 등과 함께 우리나라 뮤지컬 배우 1세대로 뮤지컬 무대만 고집하는 전문 뮤지컬 배우. 하지만 1994년부터 3년 동안 KBS 2TV '혼자서도 잘해요'라는 유아 프로 고정 MC를 맡으면서 그를 '또또 아저씨'로 기억하는 어린 팬도 적지 않다. 〈한강은 흐른다〉, 〈황구도〉, 〈청년 장준하〉, 〈드라큘라〉, 〈지저스 크라이스트 슈퍼스타〉 등 수백여 편의 뮤지컬 무대에서 주인공을 도맡다시피 했지만 상복은 없었다. 그의 나이 마흔 살이 넘은 2003년도에서야 〈몽유도원도〉의 '향실' 역으로 열연, 제9회 한국 뮤지컬 대상 시상식에서 남우조연상을 받았다.

그는 현재 '교수'라는 직함도 가지고 있다. 2003년 9월 〈명성황후〉 국립극장 공연을 마지막으로 삼 년 동안 뮤지컬 무대를 잠시 떠나 있으면서 대경대 뮤지컬과에서 교편을 잡았다. 그래서 일주일의 절반은 대구에서 지낸다. 요즘은 〈명성황후〉 공연을 준비하면서 학생 뮤지컬 제작 실습 과정으로 뮤지컬 〈환타스틱〉을 직접 연출·지도하고 있다.

"학생들을 가르치면서 다시 무대에 선다는 게 매우 부담스럽지요. 그러나 최선을 다하는 모습으로 제자들에게 보답하고 싶습니다. 제자들 손으로 만들어지는 토속적인 창작 뮤지컬 무대에 서 보는 게 꿈이기도 합니다."

뮤지컬에서는 캐스팅 일순위지만 철저하게 작품성 위주의 작품만 고집해서 '자존심이 강하고 고집이 센 배우'로 통하는 배우 조승룡. 잠자는 시간을 빼놓고는 연습에만 메달리는 그의 모습은 아름답게만 느껴졌다.

가수 길건

'매트릭스 댄스' 선보인 '여왕개미' 길건

가히 춤꾼의 지존이라 불릴 만하다. 지난해 '여왕개미'라는 곡에서 '매트릭스 댄스'
를 선보이더니 올해 2집 수록곡 '왜 몰라'에서 '아프리칸 쉐이크 댄스'로 춤판을 후끈
달군 가수 길건을 만났다.

꼬박 4시간을 녹화장 무대 뒤편에서 기다린 뒤에 겨우 야외 커피숍에서 얼굴을
마주할 수 있었다. 이날 방송 중에 입었던 옷이 노출이 제법 심했던지 긴 가운을 걸친
차림. 긴 생머리로 헤어스타일을 마감한 그녀를 보며 무대에서 격렬하게 몸을 흔들고
노래를 부르던 아까 그 사람과는 사뭇 다르다는 느낌을 받았다.

일단 그녀의 가장 큰 장기인 춤에 대해 물었다. 상당히 고난도 기술을 요구하는
그녀의 춤은 흉내조차 내기 쉽지 않다. "네 살 때 한국무용을 배울 때 '매트릭스 댄스'
의 기본기를 다졌어요. 처음 배웠던 춤이 허리를 뒤로 90도가량 꺾는 북춤의 일종인
'오고춤'이었는데 그때 허리의 유연함이 '매트릭스 댄스'를 만드는 기본이 됐죠. 하지만
'아프리칸 쉐이크'는 누구나 쉽게 시도해볼 수 있는 춤이에요. 아프리카 원주민들의
의식에서 콘셉트를 따 토속적인 느낌이 강하죠. 다이어트 효과까지 만점이랍니다."

길건은 신이 났는지 갑자기 벌떡 일어나 시범을 보였다. 주변의 시선들이 그녀에

게로 모이고 여기저기서 휴대전화 플래시가 터졌지만 길건은 개의치 않고 말을 이어갔다.

길건은 포항에서 태어나 고등학교도 수산고를 졸업한 토종 경상도 아가씨다. 포항에서는 알아주는 춤꾼이었다고. 하지만 원래 그녀의 꿈은 가수였다.

"2000년 가수가 되겠다고 서울에 올라왔는데 우연히 백댄서계 대모인 홍영주 씨를 만나 연예계에 데뷔했습니다. 백지영, 왁스, GOD, 홍콩 가수 여명의 백댄서로 활동하면서 하루 24시간이 모자랄 정도로 춤만 추면서 살았어요. 그런데 신기한 게 힘들지가 않더라고요. 밤 새워서 춤 연습을 하고 무대에서 팀들과 호흡을 맞춰 춤출 때 살아있다는 느낌에 행복했어요."

하지만 가수의 꿈이 여전히 그녀의 가슴 속에 가득해서였을까. 우연히 앨범 제의가 들어왔단다. "백댄서라는 이미지를 버리려고 이를 악물고 노래 연습을 했어요. '쓰러지면 죽는다'는 각오로 연습해 앨범을 만든 뒤 자신을 돌아보니 많이 변해 있더군요. 다행인 거죠."

남자 친구 얘기를 슬쩍 물어봤다. 길건은 "춤추고 노래 부르고 사는 게 너무 바빠서 아직 남자 친구는 만들지 못했다"며 "백댄서로 활동하던 당시부터 몇 번 열애설에 휘말린 적이 있었지만 대부분 엉뚱하게 생긴 오해들일 뿐"이라고 해명했다.

길건은 '이효리 춤선생'으로 이름이 널리 알려졌다. 여기에 대해 물었더니 "그 때문인지 아직도 음악은 못하고 춤만 잘 추는 가수라고 생각하시는 분들이 많아요. 하지만 톱가수 안무 경력이 지금은 장점이 된다고 위안을 해요."라며 시원스레 답했다.

그녀는 독실한 기독교 신자다. 연예인 기도 모임인 'MEJ'의 멤버로 매주 수요일마다 한에스더, 별, 자두, 린, 션 등 동료들과 함께 철야 예배를 갖는다. 스스로 통제하기 힘들 때 기도가 큰 힘이 된다고.

한 시간 대화를 나누며 느낀 그녀는 무대 위 길건과는 사뭇 다른 이미지였다. 말 한마디에도 공손함과 겸손함을 보이고, 질문에는 신중하게 답했다. 섹시한 이미지의 길건은 그저 무대 위의 한 단면일 뿐 그녀는 여전히 서글서글하고 순박한 경상도 아가씨였다.

아나운서 김병찬

"끊임없이 노력하여 시청자들이 신뢰하는 아나운서가 되겠습니다."

TV 프로그램 하나가 대한민국 시청자의 마음까지 바꾸는 세상이다. 시청자들은 가공된 드라마에 감정 이입돼 웃고 울지만, '휴먼 다큐멘터리'나 '이웃사랑 희망프로젝트' 같은 봉사와 나눔을 다룬 사람냄새 물씬 묻어있는 TV 프로그램을 접할 때면 더없이 가슴 졸이고 오랫동안 쌓아둔 돼지저금통의 동전도 마다않고 꺼내놓는다.

김병찬 아나운서가 진행하는 KBS 1TV '사랑의 리퀘스트' 프로그램 녹화장은 차분하고 조용하다. 떠들거나 들썩거림이 없다. 객석에 앉아있는 방청객들도 모니터를 통해 흘러나오는 이웃 얘기에 가슴아파하고, 진행자도 그 분위기에 담겨있다. 한 시간가량 녹화를 끝내고 김병찬이 객석으로 와 옆에 앉는다. 정확한 발음과 목소리 톤이 예사롭지 않게 들린다. "이 프로그램을 진행하면서 느끼는 게 많아요. 사회 캠페인이 되면서도 어려운 이웃을 위해서 모금액이 쌓여 어려운 분들을 위해서 작은 보탬이 되고 있으니 진행자로서 보람이 많이 느껴요. 진실은 시청자들의 가슴까지 적시고 울리나봐요. 어려운 살림을 하면서도 기꺼이 이웃을 위해 마음을 담아주시는 분들을 보고 있으면 내 자신을 한참을 돌아보게 돼요. 너무 고맙죠."

김병찬의 근검절약 생활과 나눔을 실천한다는 것은 알 만한 사람들은 다 아는 애

기다. 제40회 저축의 날에는 대통령 표창까지 받았으니 그의 저축관은 나눔을 실천하는 이웃사랑과 무관하지 않은 듯하다.

"어렸을 때 어머니가 절 보고 그래요. 돈은 쓰고 남아서 저축하는 게 아니라 저축해서 남은 돈을 쓰는 거라고요. 그래야 남도 돌아보게 된다고 해요. 그 말씀을 되새기며 지금까지 실천하는 마음으로 수입에 30% 이상을 저축하고 많은 금액은 아니지만 봉사도 하려고 노력합니다." 사람이 그렇다. 막상 많은 돈이 있더라도 남을 위해 내놓을 마음은 쉽게 생기질 않는 법이다. 선뜻 도움의 손길을 내미는 사람들에게는 타인의 아픔을 이해하고 남을 만큼의 사랑과 희생, 눈물이 가슴에 담겨 있기 때문이리라.

얘기 도중에 그의 아들(김기서)과 딸(김비)이 아빠의 손자락을 끌고 일어나라고 재촉한다. "매주 애들 데리고 방송국에 나오려고 해요. 같이 있으면서 '아빠가 어떤 일을 하는구나' 자연스럽게 느끼게 되고 이런 좋은 프로그램 곁에 있으면서 놀면서 느끼는 것도 많은 것 같아 공부도 되는 것 같아서 자주 데리고 와요." 애들도 녹화장이나 대기실이 이제는 낯선 풍경이 아닌 듯 이리저리 옮겨 다닌다. 사실 녹화 전부터 두 애들을 무릎에 앉히고 궁금한 거 묻는 말에 자상하게 일러주고 여기저기 데리고 다니면서 설명하는 모습에서 참 가정적이구나 싶었다.

김병찬의 정치 관심도가 아직도 유효한가 물었다. "한동안 정치에 관심을 가져보려고 한 건 사실이지만 지금은 아나운서로서 자리를 지키려 합니다. 사람마다 본분이 있다면 이제 그걸 지키는 게 맞죠." 그가 정치에 관심이 많다는 소문이 있어 물어본 말인데 솔직히 말해주니 재미가 없어졌다.

그는 1988년도에 안동 MBC에서 아나운서로 데뷔해 2년 후(1990년)에 공채 시험을 거쳐 KBS 아나운서실로 자리를 옮기면서 20년 가까운 세월을 아나운서로 시청자들과 함께하고 있다. 그의 금테안경과 허스키하고 굵은 톤의 소리, 정확한 발음으로 내는 목소리는 이젠 동네 아저씨의 친근한 소리로 가까이 다가온다.

"젊어서 아나운서 생활은 사명감 때문에 무조건 달려갔지만, 이제는 표정으로 얘기하는 아나운서가 되려 합니다." 표정으로 말을 하기 위해서는 진실을 담지 않고서는 힘이 든다. "아나운서는 시청자들에게 신뢰감을 잃으면 안 됩니다. 지성과 교양미가 쌓여서 신뢰감을 담아내야 하는데 그걸 쌓고 지키기도 힘이 들지만 끊임없이 노력하면서 지키려고 합니다."

인터뷰 내내 김병찬과 객석 옆에 나란히 앉아 있어서 시선은 앞을 향한 채 질문을 주고받는 동안 그의 말 한마디 한마디가 어느새 가슴 가까이 다가서고 있었다. 둘의 시선은 다르지만 진실을 말하고 이해하는 사이에 다른 두 시선을 넘어 둘의 마음은 같은 시선을 향하고 있었다. 그래서 녹화장 안이 더 없이 따스하게 느껴진다.

가수 별

"제 노래를 듣고 상처도 치유되고 마음도 밝아진다면 더 이상 바랄 게 없겠죠."

가수 별(본명 김고은)을 만나는 순간 중학생으로 되돌아간 묘한 기분이 든다. 앳되고 수수해 보이는 이미지에 나이답지 않게 성숙한 모습 때문이리라. 인터뷰 장소는 리허설을 앞둔 녹화장. 공개녹화가 아니어서 관객 수백 명이 앉아 있어야 할 객석에는 스태프 몇 명이 자리를 대신하고 있다. 조명이 들어오고, 카메라 리허설을 알리는 빨간 불이 신호음과 함께 켜지자 별의 최신 곡 '큐피트'가 흘러나온다. 나이답지 않게 너무 진지하다는 느낌. 비주얼 가수와 댄스 가수로 구분되는 가요시장에서 별의 위치는 다분히 독보적이다. 또래 가수들과 달리 탄탄한 실력을 바탕으로 라이브를 소화해 낼 수 있고, 또 노랫말에 어울리는 애절한 감정을 담아낼 줄도 안다.

리허설을 끝내고 객석으로 와 앉는다. 노래 부르던 느낌이 여전히 남아있는지 상기된 표정. 분위기도 바꿀 겸 장난 섞인 말투로 "팬이 많아 좋겠어요"라고 물었다. "인기를 얻기 위해서나 남들에게 보여주기 위해 노래 부르는 게 아닙니다. 노래를 부르는 순간 너무 행복합니다. 행여 팬들이 제 노래를 듣고 상처도 치유되고 마음도 밝아진다면 가수로서 더 이상 바랄 게 없겠죠."

노래만큼이나 인터뷰도 진지해질 것 같은 분위기다. "노래를 부르며 병상에 누워

계신 아빠를 생각합니다. 오랜 시간 떨어져 지내고 있지만 제 노래를 듣고 꼭 쾌차하셨으면 좋겠어요." 별의 고향은 충남 서산. 지난 2002년 첫 히트곡 '12월32일'로 데뷔한 뒤 팬들에게 익숙해질 무렵, 의료 사고로 아버지가 병상에 눕게 됐다. "데뷔 후 몇 달 뒤 아버지가 1급 장애인이 되셨어요. 팔다리도 제대로 움직이지 못하신 채 누워계시더군요. 그때 아빠 품에서 얼마나 많이 울었는지 몰라요." 남모르는 마음고생이 2집 앨범 수록곡 '이별'에 고스란히 담겨 있다. 절제된 음색으로 담담하게 부른 이 노래가 더욱 애절하게 들리는 이유다.

"박진영 대표가 처음에 별이라는 예명을 지어주었을 때 너무 거창하다는 느낌 때문에 솔직히 부담스러웠습니다. 이제는 그 이름의 의미를 알 것 같아요. 화려하지는 않지만 항상 같은 자리를 지키며 꾸준히 반짝이는 별처럼 노래로 빛을 발하는 가수가 되고 싶어요."

별은 가수 '비'가 속해 있는 박진영 사단의 가족. 데뷔한 해까지 포함하면 벌써 3집 앨범까지 발표한 올해로 5년차 가수다.

"데뷔 전 3년간 소속사에서 밑바닥 생활부터 시작했어요. 매일 노래 연습하고 선배들 곁에서 보고 배우면서 단점을 하나씩 고쳤습니다. 하루 2~3시간만 새우잠을 자면서 노래, 안무 연습에 연기 레슨까지 받았죠. 아직도 부족한 점이 많지만 노래를 목소리가 아니라 마음으로 불러야 한다는 사실을 차츰 알게 됐습니다."

눈을 가만히 들여다보니 '참! 선하다' 싶을 만큼 맑았다. 그래서 던진 칭찬 한 마디에 오히려 별은 "오늘은 스케줄이 많아 피곤해서 그렇게 보인 거예요."라며 눈을 가리고 부끄러운 듯 웃는다. 그냥 다른 연예인들이 답하듯이 그저 '감사하다'고 해도 될 것을.

"3집 타이틀곡 '눈물샘'도 많은 사랑을 받았지만, 제가 직접 작사한 '큐피트'를 너무 많이 아껴주셔서 늘 감사드립니다. 앞으로도 평생 사랑하고 봉사하는 마음으로 노래 부르겠습니다."

별의 정식 녹화 순서가 됐다. 거울 앞으로 다가가 화장을 고친 뒤 옷매무새를 살펴본 뒤 곧장 녹화장으로 달려간다. 이윽고 들려오는 노래. 어린 시절, 시골집 흙 담장 너머로 올려다보던 별의 모습이 떠오른다.

뮤지컬 배우 최정원

"다시 태어나도 당연히 뮤지컬 배우가 되고 싶어요."

　토요일 오후. 뮤지컬 배우 최정원을 만나기 위해 뮤지컬 〈듀엣〉을 공연하는 대학로 신시 뮤지컬 전용극장을 찾았다. 그녀는 꼭 공연을 봐야만 인터뷰에 응하겠다고 했다. 반강압적인 태도였지만 '배우로서 무대에서 만나는 게 당연하겠지' 싶어 오히려 고집 있는 배우 최정원이 아름답게 느껴졌다. 공연이 끝나고 분장실로 냉큼 달려가니 바쁘게 분장을 지우느라 정신이 없어 보였다. 그 옆에 턱 하니 앉으니 "분장 다 지우고 극장 앞 커피숍에서 다시 만나죠."라고 했다. 사실, 분장실에서 얘기를 나누고 싶었다. 맡은 배역의 모습과 배우로서의 자연적인 마음을 느끼기에는 분장실이 최적의 환경이라고 생각했는데 그 말을 듣고서는 할 수 없이 약속 장소로 발걸음을 옮겼다.

　카페에서 커피 한 잔을 놓고 그녀와 다시 마주앉았다. 좀 전에 현란한 조명 아래서 다른 배우들과 춤추고 노래하고 연기하던 힘찬 그녀의 모습보다는 여성스럽고 내성적이다 싶다.

　"사실 제가 좀 내성적이거든요." 그녀의 말에 두 번 놀랐다. 무대에서 최정원은 넘쳐나는 에너지를 가지고 온몸으로 관객을 압도했고, 그녀가 분한 모습은 앞머리를 두툼하게 올린 웨이브 파마머리에 한가운데에 큼지막한 머리핀을 꽂은 발랄한 성격을 보여줬기 때문이다. "뮤지컬 〈듀엣〉은 6년 전에 초연을 하고서 다시 무대에 올리는 거예요. 뮤지컬 배우 성기윤이 작곡가 버논의 역할을 맡고 제가 작사가 소냐를 맡았는데 두 사람의 사랑 얘기를 담고 있어요. 재미있었어요?"라고 물어왔다.

"키스 장면 정말 찐하던데요." 하니까 킬킬대며 웃어댄다. "이 작품에서 제가 제일 좋아하는 곡이 '라이트(right)'예요. 버논과 서로의 사랑을 확인하고 첫 키스를 한 다음 '이 사람한테는 제대로 사랑을 할 거야'라며 부르는 노래인데, 부를 때마다 너무 행복해요."

"다시 태어나도 당연히 뮤지컬 배우가 되고 싶어요. 어려서부터 끼가 많았어요. 노래하고 춤추는 게 너무 좋았어요. 오죽했으면 우리 엄마가 제 손을 붙잡고 연기학원에 등록을 시켰겠어요?" 그녀가 뮤지컬 배우로 성장하는 데는 어머니의 역할이 컸다고 말한다. "엄마 꿈도 배우였어요. 결혼하시고 꿈을 접은 거죠. 저를 통해서 그 꿈을 이루고 싶으셨나 봐요. 그걸 알기 때문에 엄마 몫까지 정말 열심히 했어요. 어쨌든 뮤지컬 배우로 잘 살아가고 있으니까 저도 행복하고 엄마도 매우 만족하세요."

그 말을 듣고 있으면서 딸아이 수아가 뮤지컬 배우가 되고 싶다면 어떡하겠냐고 물었더니 "대찬성이죠. 뮤지컬 배우가 되겠다면 굿굿굿." 하는데 벌써부터 딸아이가 뮤지컬 배우가 된 것처럼 웃으면서 기쁨을 감추지 않는다.

뮤지컬 배우 최정원은 1987년도 롯데월드 예술극장 뮤지컬 1기 단원으로 입단해 뮤지컬 〈아가씨와 건달들〉로 데뷔했고, 올해로 뮤지컬 경력 19년째다. 뮤지컬 배우로 성공한 그녀였지만 "오늘 내 연기가 만족스러웠다면 배우로서의 생명은 이미 끝났을 것"이라며 "항상 부족함을 느끼며 무대에 오르기 때문에 더 긴장을 하고, 항상 무대에 오르면서 마지막 연기라고 생각하고 최선을 다한다."고 했다. 그리고 "스스로 만족할 만한 완벽에 가까운 연기를 관객에게 보이는 날 모든 것을 접고서 팬들의 가슴에 남는 배우로 은퇴하고 싶다."고 밝혔다.

공연이 끝나면 제일 먼저 하는 일이 무엇인지 물었더니 여행을 다닌다고 했다. "캐릭터를 마음에 넣고 공연을 하기 때문에, 공연이 끝난 후에서 지우고 또 다른 역할을 맡기 위해 철저한 준비 작업이 필요해요. 다 지워버려야 새로운 것을 채울 수 있는 법이죠. 부처가 아닌 다음에는 완전히 비울 수 없지만, 여행을 통해 자연과 만나면서 백지로 돌아가는 연습은 나한텐 배우로서 매우 중요해요. 그래야 더 좋은 연기로 관객을 만날 수 있는 거 아닌가요."

늘 새로운 인물로 태어나야 하는 배우. 최정원은 비우고, 채워넣는 것에 익숙해 보여 배우로서 신뢰가 간다. 순간, 커피잔을 땅바닥에 떨어뜨린 그녀는 분주하게 깨진 잔을 옮기고 버리면서도 웃음을 놓지 않는다. 그게 뮤지컬 배우 최정원이다.

혼성 3인조 거북이

"누구나 듣고 흥겨워하고 기분 좋아질 수 있는 노래 부르고 싶어…"

최근 4집 앨범 타이틀곡 '비행기'로 하늘을 훨훨 날고 있는 혼성 3인조 '거북이'를 만나기 위해 늦은 저녁 음악 전문 케이블 채널 M-NET 녹화장이 있는 동대문으로 향했다. 이날 길거리 리어카에서 음악 테이프를 파는 아저씨들은 약속이라도 한 듯 거북이의 '비행기' 노래를 일제히 틀어댔다. 청계천의 물줄기도 그 소리에 추임새를 넣고 쉼 없이 흐르고 흘러, 절정의 분위기를 이뤄내며 동대문 주변을 흔들었다. 녹화장 건물 뒤쪽에 임시로 만든 출연자 대기실로 들어가니 땀을 비 오듯 흘리며 거북이의 리더 터틀맨(본명 임성훈)이 들어서고 그 뒤로 금비(본명 손연옥)와 지이(이지희)가 환하게 웃으며 인사를 건넨다.

일단 터틀맨의 건강 상태부터 물었다. 그는 손수건으로 연신 땀을 닦아대며 "병은 얻었지만 동생들한테 큰 사랑을 얻어서 빨리 회복된 것 같다."라고 했다. 지난해 4월 노래를 부르다가 심근경색으로 쓰러져 죽음의 문턱을 몇 차례나 넘긴 그다. 아직도 지방 장거리 공연을 떠날 때면 챙겨야 하는 약만 해도 수십 가지가 되고, 현재 가슴에 보형물을 다섯 개를 장착하고 있어 평생 지속적인 관리를 해야 한다고 했다. 그런데도 무대에서 보여주는 그의 힘은 대단하다. "노래 때문에 산 거라고 생각해요. 병실에 누

위 있으면서 머릿속으로 다양한 멜로디 소리가 들리는 거예요. 그때마다 기억해두고 적어두고 마음속으로 쌓아둬서 만든 게 '비행기'예요. 죽는다는 생각보다는 늘 음악을 하고 싶다는 간절함이 날 일으켜 세운 것 같아요." 그가 병마와 싸우는 힘겨운 시간 속에서 만든 노래 '비행기'는 온·오프라인 가요 차트에서 5주 연속 1위 자리를 지켰고, 아직도 식을 줄 모르는 고공 행진을 계속하고 있다. 거북이의 노랫말과 멜로디는 어딘지 모르게 정겹고 편하다. 2002년도 데뷔곡 '시계'부터 '왜 그래', '빙고', '비행기'에 이르기까지 따라 부르기 쉬운 멜로디가 입에 휘감긴다. "우리가 좋아서 부르는 노래보다는 대중들이 좋아하고 듣고 싶어 하는 노래를 부르고 싶어요. 누구나 노래를 듣고 흥겨워하고 기분 좋아질 수 있는 게 대중음악이죠." 거북이의 음악관을 엿볼 수 있는 대목이다.

　이들은 역할 분담도 철저하다. 대부분의 앨범 수록곡 작사와 작곡은 터틀맨이 하고, 랩은 지이가, 안무와 보컬은 금비가 맡는다. 옆에서 가만히 앉아서 듣고 있던 지이가 분위기를 거들고 나온다. "수많은 댄스그룹들이 있지만 대중들을 속이는 가수가 되고 싶지는 않아요. 외부 전문가에게서 곡을 받고 가사를 지어달라고 한 적도 있지만 그런 건 누가 부르던 똑 같다고 생각해요. 될 수 있는 대로 우리 팀의 개성을 확실하게 드러낼 수 있도록 직접 만들어서 전달하려고 노력하는 거예요. 넘 편안하게 불러서 탈이죠 뭐." 이 말에 막내 금비가 "언니, 우리는 노래도 편안하고 외모도 편안하잖아." 라며 웃는다.

세 명 다 다른 동작, 다른 표정을 하고 있지만 서로를 향한 마음과 정겨움은 닮아있다. 이들은 그가 병원에 입원해 있는 동안 서로에 대해 더 없는 소중함을 느꼈다고 한다.

"오빠가 입원해 있는 동안 둘이 오빠 소변도 받고 옷도 갈아입히고 하면서 무언의 대화를 많이 하게 됐어요. 오빠가 건강을 회복하면 정말 음악에만 미쳐서 살겠다고…. 음악에 모든 것을 걸겠으니 한번만 기회를 달라고 서로가 서로에게 간절히 기도했어요."라고 말하는 지이. 그 말을 듣는 둘은 갑자기 숙연해지더니 터틀맨이 "덤으로 또는 동생들 때문에 얻은 새로운 인생, 앞으로 음악에만 전념하고 살 겁니다." 한다.

"파란 하늘 향해 훨훨 날아가겠죠. 어려서 꿈꾸었던 비행기 타고 기다리는 동안 아무 말도 못해요 내 생각 말할 순 없어요~~" 그들이 부르는 노랫말 소리에서 터틀맨이 죽음의 문턱에서 얼마나 힘들고 힘겨운 싸움을 하며 세상으로 나오고 싶었는지 알 수 있을 것 같았다. 그를 일으켜 세운 건 셋이 한마음이 된 동심인 것 같다는 생각을 해본다.

여성 듀오 걸프렌즈

"서로가 몸담았던 팀의 색깔을 담으려고 노력했어요."

음악 프로그램 방송 녹화장은 언제 가봐도 열기가 대단하다 싶다. 가까이 다가서면 살점 한 곳이 벌겋게 달아오를 정도로 참여하는 출연자도 신이 나서 즐거워하고, 방송을 만드는 스태프들도 질서있게 축제 분위기를 만든다. 그래서 보는 사람도 즐거워져 더없이 흥이 나는 곳이 음악 프로그램 녹화장이다.

'메이비 아이 러브 유(Maybe I love you)'를 부르고 거친 숨을 내 쉬면서 무대를 내려오는 여성 듀오 '걸프렌즈'의 멤버 유리와 채리나를 오랜만에 만났다. 이 두 사람이 그룹 '룰라', '디바'(채리나)와 '쿨'(유리)에서 활동했을 시절에 만났으니 10년 세월이 넘었다. 지나온 세월만큼, 둘의 우정만큼 노래의 깊이도 많이 달라져 있어 보여 반가운 마음이 앞섰다.

걸프렌즈 결성의 아이디어가 어디서부터 시작됐는지 궁금했다. "유리 언니하고는 데뷔 이전부터 알고 지냈던 사이예요. 가수로 데뷔하면서부터 더 가깝게 지냈죠. 자주 만나고 보면서 언젠가 기회 되면 둘이서 한 번 앨범을 만들자고 약속한 게 8년 만에 걸프렌즈를 결성하는 걸로 결실을 맺었어요. 마음이 통하니까 음악적 필도 통한 거죠 뭐." 채리나가 얘기하는 동안 유리는 쉴 새 없이 "맞아, 맞아" 하고 박자를 넣으며 말을

받았다. "팀이 해체되고 나서 정말 마음고생이 많았어요. '쿨' 해체가 내 탓인 것만 같았죠. 당시에 솔로 앨범도 내고 활동하는 리나가 정말 부러웠어요." 가수는 자기 노래를 들어줄 팬이 있어야 하고, 춤을 잘 추는 사람한테는 땀을 흘릴 '춤판'이 없으면 괴롭다. 또한 연극배우가 무대에 서지 못한다면 그 생명력은 가치가 없어진다. 서로 팀이 다르지만 그룹 활동으로 시작해 비슷한 시기에 팀 해체라는 시련을 같이 겪어서인지, 10년 우정으로 빚어낸 프로젝트 그룹 '걸프렌즈'는 각자의 슬픔과 기쁨 그리고 우정으로 색칠되어 물이 묻어도 지워지지 않고, 차도 부서지지 않을 것 같은 단단함이 배어 있다.

"서로가 몸담았던 팀의 색깔을 담으려고 노력했어요. 그게 이번 앨범의 무기라고 생각하고 룰라와 디바 시절의 다른 노래들을 조금씩 리메이크했는데 많이들 좋아해 주시는 것 같아요." 리나의 말이 끝나기가 무섭게 유리가 홍보전을 펼친다. "들으면서 유쾌하고 즐거워지는 댄스곡들을 많이 담았어요. 댄스곡이라 가벼운 음악이 아니라 듣고 편안한 음악이 좋은 음악이잖아요." 한다.

이번 앨범에는 '동상이몽', '메이비 아이 러브 유' 등 신곡 10곡을 포함해 쿨의 기존 히트곡을 리메이크한 '올포유'와 채리나, 유리가 직접 작사한 '입술만 깨물죠'를 담았다. "후속곡으로 준비하고 있는 '입술만 깨물죠'는 우리들이 그룹으로 재결합하게 된 사연을 직접 노랫말로 만들어서 만든 거예요. 유리 언니의 보컬과 제 랩이 잘 조화된

곡이라 음악 색깔을 충분히 느끼실 수 있을 거예요." 채리나가 확신에 찬 소리로 당찬 자신감을 보였다.

"걸프렌즈는 해체되지 않고 평생 같으면 좋겠어요. 좋은 후배들이 계속해서 이어 갔으면 하는 바람이에요." 걸프렌즈는 팀 성격상 앨범 프로젝트별로 멤버가 교체될 수도 있고 더 많은 멤버들이 같이할 수도 있어서 좋은 후배들한테는 문이 활짝 열려 있다고 했다. 만약 2집 앨범 작업에 새로운 사람을 영입한다는 누굴 제일 먼저 하고 싶은가 물었더니 가수 '비'라고 답한다.

"그냥 바람이죠 뭐. 노래면 노래, 춤이면 춤, 다 소화해내는 훌륭한 가수인 것 같아서요. 저희 두 명하고 함께 노래를 부르면 너무 잘 어울린 것 같지 않나요?" 하고 말하는 유리를 빠르게 쳐다보는 채리나. 순간 서로를 보며 큰 소리로 웃는다. 남자 친구들이 있을 법한 나이여서 은근히 결혼관이 궁금해졌다. 얘길 듣더니 두 살 더 많은 유리가 관심을 보인다.

"데뷔한 지가 꽤 오래 돼서 남자 동료들하고 허물없이 친하게 지내요. 자기 일 분명히 하고 착하고 키 큰 남자가 있다면 2년 안에는 꼭 결혼하고 싶어요."라고 말하자 채리나가 귀를 바짝 가까이 댄다. 그 모습이 너무 다정스러워 보였다.

가수 김도향

"마음과 정신까지 움직여 실천할 수 있는 음악이 나의 바람"

가수 김도향을 만났다. 누런 턱수염은 분위기를 더하고 머리에는 눌러쓴 하얀 베레모가 잘 어울린다 싶다. 편안한 점퍼로 윗옷을 마감했지만 흐트러짐이 없이 보인다. 그 상태로 서로 침묵이 흐르자 가늘게 실눈을 뜨고는 말을 건넸다.

"데뷔 25년 만에 후배들과 함께 작업한 2집 앨범을 얼마 전 세상에 내놓았어. 대중들과 좀 더 가까워지려고 노력 중이지."라고 했다. 오랜만에 내놓은 음반은 DJ DOC의 김창렬이 프로듀서를 맡았다.

마이크를 잡고 노래를 부르기 시작해 지금까지 40년의 세월. 그는 자신의 노래보다 CM송으로 대중들에게 더 친근하다. TV를 시청하는 대한민국 국민이라면 그가 만든 광고와 세월을 같이 보낸 셈이 된다.

'엄마 오실 때 아빠 오실 때~ 줄줄이 사탕', '아카시아껌', '삼립호빵', '이상하게 생겼네~ 스크류바'와 전 LG 그룹에서 CM송으로 보급되던 '사랑해요 LG~'까지 3천곡이 넘는 CM송 노랫말을 직접 제작했다.

"방송되지 않은 CM송을 까지 합하면 1만 여 곡이 넘어. 아무튼 제작자로 바쁘게 살았는데 어느 날, '바보처럼 살았군요'의 노랫말처럼 내가 너무 바보처럼 살고 있는

것 같다는 생각이 들더라고 내 자신의 정신세계에 깊이 빠지다 보니까 보이는 세계가
전부가 아니라는 사실을 알게 됐지. 그래서 보고 내 자신을 정화하는 명상과 수련을
하고 깨우침을 얻으면서 살았어."라고 했다.

　사실 그는 이때부터 산에 들어가 도를 닦다시피 하면서 세상과 멀리한 채 살았다.
정신세계에 관한 책을 2년 동안 무려 1만 권 이상 읽고 '노자사상'에 푹 빠져 살았다고
했다. 그러한 깨달음을 명상과 수련을 통해 얻어서일까. 1992년엔 '태교명상음악'을 들
고 명상음악가로 변신해 대중 앞에 나타나 놀라게 만들더니 2002년도에는 '항문을 조
입시다'라며 방송에 등장해 대중들을 어리둥절하게 만든 그였다. "명상음악도 하나의
대중음악이야. 들으면서 마음속 깊이 걸쳐 있는 상처 덩어리가 치유되고, 가수 자신
역시 노래를 통해 스스로에 대한 깨달음을 얻었다면 가수로서 본분을 다한 거지." 이렇
게 말을 옮겨놓는 그의 소리 속도에는 절대 서두름이란 없어 보였다.

　명상음악에 푹 빠져 살던 그가 다시 대중 앞에 서게 된 사연 얘기도 예사롭지 않게
들렸다.

　"어느 날 음악 평론가 임백천 씨한테 전화가 왔어. 제주도에서 벽지촌 노래봉사를

하는데 와 달라는 거야. 마이크 놓고 산 지도 오래됐지만 거절할 수 없어서 갔지. 그런데 마이크를 잡고 노래를 부르려는데 어느 할머니가 갑자기 '김도향이다!' 하고 소리를 치시는 거야. 노래를 다하고 나서도 박수소리가 안 들려서, 속으로 '가수로는 이젠 한물갔구나'라고 생각하고 있었는데 말야. 알고 봤더니 그 할머니가 3년 동안 말을 잊고 사시던 분인데 날 보고 말문이 트였다고 하더라고. 그때부터 노래의 역할이 나한테는 깨달음으로 오게 됐어."

그 후 김도향은 노래의 역할에 대해서 다시 한 번 깊은 고민을 하고 나서 마음과 정신까지 움직여 실천할 수 있는 음악을 하며 살겠다고 다짐했다고 한다.

"조만간에 '웨이컵닷컴'이라는 홈페이지를 만들어서 인터넷 질병치료 명상센터를 만들려고 해. 사람들에게는 마음의 평화가 중요하거든. 이 프로그램을 통해서 많은 분들이 정신을 정화하고 질병들이 나았으면 하는 바람이야. 명곡은 마음까지 치유하잖아." 한다.

그가 풀어놓는 앞으로의 계획을 들으면서 무겁지도 그렇다고 해서 가볍지도 않은 그의 경계를 볼 수 있었다. 오랫동안 수행으로 얻어진 깨달음이구나 하는 생각을 하게 만든다.

연극연출 · 극작가 이윤택

"연극은 각기 '다름'을 무대를 통해서 채워 넣는 작업…"

시인이자 극작가이면서 부산일보 기자 출신인 이윤택. 사람들은 그를 문화 게릴라라고 부른다. 그는 1986년에 그가 각색한 시나리오 〈우리는 지금 제네바로 간다〉가 제26회 대종상 각본상을 수상하면서 시나리오 작가로서 이름을 알렸다. 그리고는 영화 〈장군의 아들 2〉, 〈오세암〉, 〈단지 그대가 여자라는 이유만으로〉의 시나리오를 썼으며, 2002년에는 그가 작품을 쓰고 연출한 연극 〈오구 - 죽음의 형식〉을 영화화하면서 감독으로 데뷔하기도 했다. 드라마 〈임꺽정〉, 〈머나먼 쏭바강〉, 〈행복어사전〉, 〈모델〉, 〈사람과 사람〉, 〈도시인〉 등도 그의 작품이다. 21년 동안 수십 여 편의 희곡과 시를 쓰고, 세기를 넘나드는 연극을 만들었더니 그의 화려한 수상 경력만 한 페이지를 넘는다.

얼마 전에는 『나는 황야이고 싶다』라는 제목의 시집도 발간한 그는 1999년도에 경남 밀양(密陽)에 초등학교 폐교를 '밀양 연극촌'으로 만들고, 2001년부터 '밀양여름 예술축제'를 이끌고 있다. 이윤택을 만나기 위해 밀양으로 향했다.

밀양여름연극축제는 국내외 작품들을 엄선해 모두 58편의 연극, 뮤지컬, 무용 공연이 펼쳐진다. 이 기간만 되면 밀양시 전체가 연극축제로 들썩거리고 있다. 그 중심에는 밀양연극촌을 이끌고 있는 '연희단거리패' 꼭두쇠인 이윤택이 있다. 서울에서 활발하게 활동하던 그가 돌연 밀양을 선택했던 것은 무슨 이유였을까?

"연극은 인간이 만들어내야 하고 신선한 공기들이 가득 채워지지 않으면 어렵죠. 현실 속에서는 도저히 공동체가 이루어지기 어렵다고 생각했어요. 대중들과 소통하고 다양한 연극들이 숨을 쉬고 살기 위해서는 자연이 필요했고요. 이를 수용할 수 있는 장소가 필요했습니다. 지역 주민들과 함께 문화를 생산할 수 있는 공동체 문화 활동을 하고 싶었죠. 인간의 신선하고 강렬한 에너지는 공동체에서 발견되고 만들어질 수 있다고 생각한 거죠."

밀양연극촌에는 그와 20년 동안 연극을 함께 해온 무형문화제 '밀양백중놀이' 예능 보유자인 하용부 연극촌장과 연희단거리패 단원들 등 50여 명이 함께 생활하고 있다. "밀양연극촌의 연희단거리패는 철저하게 동인제 시스템으로 운영되고 있어요. 연출과 배우만 살아있어서는 좋은 연극을 만들 수 없어요. 또 PD 시스템처럼 그때그때 필요한 배우들만 모아서는 영원히 살아 숨 쉴 수 없죠. 극단원 전체가 가족처럼 생활하면서 각기 맡은 분야에서 최선을 다해주고 역할을 다했을 때, 그 신뢰감이 작품의 깊이를 탄탄하게 만들어줍니다."

또 매년 배우수업을 받기 위해 밀양연극촌으로 찾아드는 연극학도와 기성배우들 만도 그 수를 헤아리기 힘들 정도다. 그는 탁월한 배우 훈련자로도 능력을 인정받고 있기 때문이다.

"연기는 호흡인 숨의 움직임입니다. 온몸에 퍼져 있고 담겨 있는 숨들을 어떻게 꺼내놓느냐에 따라서 배우의 깊이와 맛은 달라지는 거죠. 모든 것에서 자유로워지는 배우가 훌륭한 배웁니다. 이 훈련은 마치 '광대되기'와도 같습니다. 그만큼 자유롭게 표현할 수 있는 소질을 길러야 하는 거죠."

다양한 실험연극들이 대학로 주변의 극장에서 살아 숨 쉬고 들썩거릴 무렵인 1989년, '동숭 연극제' 참가 작품 중 〈시민K〉라는 부산연희단거리패의 작품이 주목을 받는다. 이윤택의 작품이었다. 토종 부산 출신의 배우들로 구성되어 만들어진 연극에서 이들이 뿜어내는 강렬한 에너지는 그해 대학로를 강타했다. 그의 작품은 세상을 향해 연극적 은유와 비유를 던져놓았으며, 배우들의 움직임과 연출미학은 강렬한 메시지를 관객들에게 전달하기에 충분했다.

"1980년대 후반까지만 해도 집단적인 억압이 팽창했던 시기였잖아요. 개인의식이 결핍되다 보니까 연극으로 저항하고 맞서려면 거칠고 강렬한 것들이 필요했거든요. 연극 〈시민K〉도 혼란한 사회적 분위기 속에서 지식인의 입장은 무엇인가를 생각해본 작품이었어요."

그가 세상을 뚫고 나온 것은 우연이 아니다. 1975년도에 현대시학에 신인들의 작품들 중 엄선된 작품을 실었던 『신풍시집』에 「시작 1.2」라는 작품으로 최우수상을 수상한 뒤 1978년도에 「도깨비불」이라는 시로 현대시학에 등단했다. 기자로 첫 발을 내딛던 무렵인 1979년도에는 그가 쓴 희곡 〈삼각파도〉가 우수작으로 당선되고, 1986년 그가 각본을 쓴 영화 〈우리는 지금 제네바로 간다〉가 제26회 대종상 각본상을 수상하면서 1986년도에 7년 동안 몸담았던 부산일보 편집부 기자를 그만두게 된다.

"연극은 차츰 개화하는 겁니다. 그만큼 변화의 속도도 빠르다는 얘기죠. 저 또한 1990년도를 넘어서면서 무대에서 배우들이 주는 충격적이고 강렬한 메시지보다는 인간과 인간 사이를 연결하고 대중들과 다양하게 소통될 수 있는 연극을 하고 있어요." 연극을 좋아하는 관객들이라면 그가 연출한 작품 하나쯤은 달달 외우고 있을 정도로 그의 마니아층은 다양하고 넓다.

"전, 대중주의자고 시민주의자입니다. 제 작품들도 대중들과 보편적으로 소통하기 위해 구성적이면서도 논리적인 연출을 위해 노력합니다. 말이 수단이 되고 한 가지 언어에만 의존되는 연극이 아니라 새로운 방식의 연극이 필요해요. 대중들도 의미 있고 감동을 받을 수 있는 연극을 원하는 겁니다."

연극 연출가이면서 극작가이기도 한 그의 글쓰기법이 궁금했다. "전 메모를 잘 하질 않아요. 머릿속으로만 담아두죠. 연출을 할 때도 마찬가지고 글을 쓸 때도 같아요. 쓰고 싶은 이야기를 담아두면 끊임없이 생각하죠. 생각하면서 머릿속으로 하나씩 퍼즐을 맞추는 식으로 완성시키다 보면요 한 장면으로 모아질 때가 있어요. 그때, 글을 씁니다. 반나절에 다 쓸 때도 있고 며칠 밤을 걸려서 써내려 갈 때도 있어요."

그의 책읽기는 광적이고 무서울 정도로 빠른 속도로 모든 분야를 섭렵한다고 했다. 그만의 독서법을 얘기하면서 책장 한 쪽을 가리켰다. 신화 관련 서적들이 빼곡하게 정리되어 있다.

"편집기자 생활을 오래해서인지 저만의 독서법이 있어요. 책 읽기도 빠른 편이지만 테마 독서를 해요. 한 가지 주제를 정해서 닥치는 대로 읽고 생각하죠. 정리가 됐다고 생각하면 다음으로 넘어갑니다." 그의 천재적인 예술적 광기는, 독서와 무대 위에서의 '실천'을 통해서 발견된다고 했다.

그가 〈오구-죽음의 형식〉을 각별하게 아끼고 애착을 갖고 있는 이유도 우리 연극의 원형을 잘 살려주었기 때문이라고.

"새로운 방식으로 연극을 만들고 싶었어요. 우리 연극의 원형은 굿이거든요. 굿을 무대에 끌어들이고 직간접적으로 연극화시킨 게 제가 처음입니다. 굿만 무대에 있고 극이 없는 게 아니고 이 두 가지가 철저하게 연극적으로 되어 있어야죠."

그런데 그가 이 작품을 영화로 만들게 된 이유가 궁금했다. "연극은 시간예술이기 때문에 기록할 수 없어요. 철저하게 문서로만 남게 됩니다. 하지만 영화는 작품의 세계를 영상으로 보존할 수 있잖아요. 앞으로는 연극 〈바보각시〉를 영화로 한번 만들어 볼 생각을 갖고 있어요."

그는 작년 7월, 그는 대형 역사 뮤지컬 한 편을 올렸다. 수원 화성을 건축한 정조

대왕의 일대기와 사랑 이야기를 허구적 상상으로 가득 채워 넣고 뮤지컬로 그려낸 이 작품은 경희궁의 전문인 홍화문 앞뜰 가설무대에서도 공연되어 큰 호평을 받아 제12회 한국뮤지컬 대상에 연출상과 음악상을 수상했다. 그가 창작 뮤지컬에 거는 기대는 크다고 말하면서 한국연극이 살아남을 수 있는 길은 분명한 연극이 나와 주어야 한다고 말한다.

"연극에는 평준화라는 것은 없습니다. 관객들도 획일화되어 있는 연극 패턴은 싫어합니다. 연극은 그 각기 '다름'을 무대를 통해서 채워 넣는 작업이죠. 방법과 차이에 따라서 무대의 깊이도 달라집니다. 서구 뮤지컬로 관객들을 뺏기고 있을 때 괜찮은 창작 뮤지컬이 개발되고 성공한다면 관객들을 바로 흡수할 수 있어요. 창작 뮤지컬에 대한 관심이 절대적으로 필요하고 힘이 모아져야 하는 시기지요."

다음 학기부터 그는, 동국대학교 공연예술학부에 정식 부교수로 강단에 서게 되지만, 그한테 쇄도하는 동유럽 쪽에서 연출작업 러브콜도 마다하기 힘든 상황이라고 털어 놓는다.

송승환

공연제작 프로듀서로 창작 뮤지컬 〈대장금〉 선보이는 송승환

넌버벌 퍼포먼스 〈난타〉로 세상을 놀라게 하더니 이제는 창작 뮤지컬 〈대장금〉을 들고 나타난 송승환을 만났다. 세월을 가늠하기 어려울 정도로 어려보이는 이미지에 캐주얼 차림을 한 그. 젊은 세대들의 문화 기호를 꿰뚫어보는 예리함을 가졌지만 이 마저도 편안함으로 포장할 줄 아는 사람이 송승환이었다.

그는 공연제작 프로듀서로서 창작 뮤지컬에 대한 강한 애착을 드러냈다. "창작 뮤지컬은 우리 손으로 빚어서 만든 거잖아요. 수십 년을 내려온 브로드웨이 뮤지컬과는 맛도 다르고 표현하는 방법이 다르죠. 계속 공연하면서 다듬고 또 다듬어서 더 좋은 〈대장금〉 공연이 되도록 할 겁니다."

드라마와 뮤지컬 〈대장금〉은 어떻게 다를까? 그는 "드라마에 비해 멜로 라인을 좀 더 보강했다."고 했다. 스케일이 크고, 화려한 무대도 뮤지컬에서만 맛볼 수 있는 매력이다. "60명의 배우들이 만들어내는 춤과 음악의 향연은 연기로만 표현됐던 드라마와는 또 다른 맛을 느끼기에 충분할 것입니다."

뮤지컬 〈대장금〉을 만들어내는 데 꼬박 2년 이상의 준비 기간을 거쳤다고 했다. 작곡에 투자한 시간만도 1년. 제작 단계부터 아시아 시장을 염두에 두고 만든 대작이다.

　"브로드웨이에서 우리나라 토종 뮤지컬이 성공하기는 어렵죠. 하지만 아시아 시장에서라면 가능성이 있습니다. 한류 열풍도 계속되고 있고, 한국 문화에 대한 관심도 매우 높은 편이지요. 성공한 드라마로 빛을 보겠다는 것이 아니라 이름값에 뒤지지 않을 만한 무대와 우리나라 전통적인 미를 한껏 부각시킨 장치들을 통해 〈대장금〉을 다시 한 번 부활시키겠다는 것입니다."

　올해는 송승환의 역작 〈난타〉가 세상에 모습을 드러낸 지 10주년이 되는 해다. 10년을 난타와 함께 살아온 그의 인생. 전 세계 연극인들의 축제인 '에든버러' 페스티벌에 한국 공연 문화의 위상을 단단히 못 박아 놓았고, 〈난타〉 전용 극장은 객석의 80%가 외국인 관광객들로 북적일 정도다.

　문화도 산업이 될 수 있다는 사실을 손수 눈으로 확인시켜준 그의 거침없는 도전 정신은 어디서 나오는 것일까? 그는 아역 배우로 시작해 청춘스타로 최고의 전성기를 누릴 무렵, 뉴욕행 비행기에 훌쩍 몸을 실었다. 그리고는 4년 동안 길거리 곳곳을 누비고 다녔다. 뉴욕 한복판에서 좌판을 깔고 장사를 하기도 하면서 새로운 것을 향한 세상 공부를 계속했다.

"뉴욕에 가기 전에는 연극이 희곡에만 의존해서 만들어지는 줄 알았어요. 하지만 뉴욕에서 봤던 것은 문화의 다양성이었지요. 한 가지의 방식으로만 표현되는 게 아니더라고요. 자신감을 얻게 된 거죠."

기획은 단순한 아이디어로만 세상에 태어날 수 없다. 보편적인 문화 상품으로 탈바꿈되기 위해서는 무수한 도전과 인내, 그리고 현실로 바꾸어 놓는 실천적인 행동들이 무엇보다 더 중요하다고 말한다. 그걸 해낸 사람이 바로 송승환이다.

그는 우리나라 뮤지컬 산업에 대해 무한한 기대를 내비쳤다. "전 세계에서 노래방이 이처럼 많은 나라도 드물죠. 그만큼 대중들은 노래와 흥겨움에 친숙해 있습니다. 좋은 뮤지컬 공연이 많이 만들어질수록 대중들의 관심도 폭발적으로 증가할 것이라고 생각합니다."

그는 네 가지의 직함을 가지고 있다. 배우, PMC 프로덕션의 대표, 뮤지컬프로듀서, 명지대 뮤지컬 공연학과 교수.

그 어느 것 하나 포기할 수 없는 자신의 일이라며 늘 에너지를 불태우는 그의 모습에서 한국 문화산업의 밝은 미래를 기대해 보고 싶다.

탤런트 신충식

"큰 배우가 되려면 등장인물의 모든 마음을 담고 표현할 수 있어야…"

배우는 타고나야 하는 것일까? 아니면 노력 여하에 따라 계발될 수 있는 것일까? 경북고, 경북대 수의학과를 졸업한 뒤 40년 넘게 배우로 활동해 온 탤런트 신충식. 그가 말하는 배우 이야기를 들어봤다.

그는 고령군 운수면에서 태어나 고령초교, 고령중을 졸업했다. 대학 졸업 후 대구 남산여고에서 6개월 정도 교편을 잡은 것을 제외하고는 40년 넘게 브라운관을 통해서 서민들과 울고 웃으며 살아온 셈이다. "교직을 그만두고 무작정 약장사를 3개월 정도 따라다녔어. 약장사하면 우습게들 생각하는데 말야, 그게 아냐. 많은 것을 보고 들을 수 없었던 시절에 약장사는 그 시대 최고의 스타였으니까."

약장사는 장사꾼이기 전에 원조 토크쇼 MC라고 그는 말한다. 그들이 뱉어내는 입담과 재능은 어느 배우 못지않다. 그가 3개월 동안 약장사를 따라다닌 것은 그저 약이나 팔자는 것은 아니었다. 경북대 재학시절 '그린스테이지'라는 연극반 활동을 하며 배우의 매력에 끌렸기 때문이다. 연극과 무대가 좋고, 등장인물을 맡아 관객들에게 감정을 뿜어내는 그 깊은 맛에 이끌려 배우가 된 것.

"평생을 배우로 살아가고 있지만 큰 배우가 된다는 것은 힘든 일이야. 배우는 표현

의 기술만 갖고 있다고 해서 좋은 배우가 될 수 없거든. 등장인물이 갖고 있는 모든 마음을 담고 표현하고 감동을 줄 수 있어야 큰 배우가 될 수 있지."

타고 난 배우라고 해도 평생을 천직으로 살아가기는 쉽지 않다. 배우가 되는 좁은 관문을 통과하더라도 시청자들의 관심과 사랑이 없으면 배우라는 직업도 없어지는 셈이다. 때문에 배우의 노력은 끝없이 평생 동안 이어져야 한다고 그는 말한다. 그는 첫 방송 활동을 1967년 MBC 공채 성우 3기로 시작했다. 이 시절 라디오 연속극의 인기는 대단했다. "이 시절에는 성우들 인기가 대단했지. 방송드라마가 없으니까 탤런트라는 직업도 없었고. 성우가 되려면 시험을 봐야 한다는 거야. 그래서 서울로 달려갔지."

그의 목소리는 타고난 듯하다. 노년이 된 지금도 한마디 한마디가 또렷하고 발성도 힘이 차다. "당시에는 성우 시험에 필기시험도 봤어. 당시에 내가 배우로서 드물게 대학을 나왔으니까 같이 시험을 본 성우 지망생들이 다 내 필기시험을 보고 베껴 썼지. 연기력들은 출중했으니까 내 덕에 합격한 성우들이 꽤 많지." 그러면서 당시 최고의 인기 라디오 드라마 제목을 줄줄이 외운다. 〈아낌없이 주련다〉, 〈빨간마후라〉, 〈떠날 때는 말없이〉, 〈저 눈밭에도 사슴이〉, 〈전설 따라 삼천리〉, 〈태권동자 마루치〉, 〈손오

공〉, 〈오발탄〉, 〈김삿갓 북한방랑기〉. 그는 말하는 도중에 신이 나고 흥겨운지 당시를 떠올리면서 소리가 잘 들리지 않는 라디오를 툭툭 치는 시늉을 한다.

그의 서울생활은 MBC 드라마 개국과 함께 당시 제작된 〈장희빈〉에 출연하면서 방송 탤런트로 완전히 바뀐다. 이렇게 시작된 탤런트 생활은 〈전원일기〉에서 보여주었던 구수하고 뚝심있는 '종기네 아버지' 역만큼 40년의 세월을 수많은 드라마에서 아버지로, 할아버지로, 마음씨 좋은 이웃 아저씨로 시청자와 함께 걸어왔다.

배우로 40년 세월을 살아오는 동안 그는 방송 연기자들의 발전을 위해 상당한 노력을 했다. 한국방송연기자협회 회장을 맡아 연기자 권익보호를 위해 쓴 소리도 거침없이 뱉어냈다. 수년 전 큰 수술을 받은 뒤로 방송 일도 쉬엄쉬엄하면서 경기도 강화에 전원주택을 지어놓고 부부가 같이 산다. 그는 불쑥 희망 이야기를 꺼낸다. "희망이 없으면 삶에 활력이 없어. 사람이란 뭔가 하고 싶고 해야 할 일이 있어야 기운차게 살아가잖아. 나이 들면서 자꾸 희망이 없어져 가. 그게 문제야."

개그맨 장동혁

"세일즈맨 인생경험이 인기 비결… 최선을 다해 일하는 게 즐거워…"

개그맨 장동혁을 기억하는 시청자라면 개그 코너에서 아이디어 상품을 판매하는 '노마진'을 떠올린다. 개그콘서트 봉숭아학당에서 '노마진' 캐릭터를 맡았던 그는 아이디어 상품을 들고 나와 이렇게 외친다. "자~아. 저 노마진이 권해드리는 물건은요, 실용성 앞서죠. 품질까지 뛰어나면서 마진율은 뚜욱~ 떨어집니다." 그가 코너에서 소개하는 아이디어 상품들은 단순한 코미디 소재를 넘어선다. 소비자 마음을 꿰뚫고 있기 때문이 아닐까? 품질 좋고 실용성 있고 거기다가 가격까지 시원하게 해준다면 그 물건을 마다할 소비자들이 있을까?

약속했던 커피숍 문을 열고 들어서니 낯익은 얼굴들이 눈에 들어온다. 동료 개그맨들과 아이디어 회의가 진행 중. 선하게 생긴 미남형 장동혁. 그의 입담은 매우 논리적인데다 그간 살아온 삶의 이력 탓인지 사실감을 더한다. "노마진 아이디어는 예전 세일즈맨 시절의 경험이 바탕이 됐습니다."

그의 지난 이력서에는 세일즈맨 시절에 해본 일명 '목욕탕 때밀이' 목욕청결관리사라는 이력에 밑줄이 좌악 그어져 있다. 개그맨으로서의 그의 걸쭉한 입담 실력은 가전제품 세일즈맨, 영어교재 세일즈맨, 무선검침기 설치기사까지 두루 거치면서 얻어낸

값진 인생수업에서 나온 것이다. 그는 개그 프로에서 다양한 캐릭터를 만들어냈다. 하지만 노마진으로 가장 많이 기억되는 이유는 살아있는 경험들에서 나오는 연기가 실감나게 다가왔기 때문이다.

"개그맨이 한 가지 캐릭터에 머물러 있다는 것은 장점도 있지만 매우 위험해요. 늘 후배들하고 함께 개그 소재를 찾아서 산소 같은 신선한 웃음을 드려야 하는데…." 장동혁은 사람 좋기로 소문이 파다하고 개그맨으로서 단단한 내공과 뚝심까지 갖고 있다. 개그맨과 대비되는 그의 이력들은 숨길 만도 한데 오히려 남들보다 더 자랑스레 이야기한다. "군대 제대 후에 세일즈맨이라는 직업을 갖고 사람을 만나고 세상을 보고 느낀 수많은 경험들이 개그맨으로서 얼마나 도움이 되는지 모릅니다."

그를 원하고 필요로 하는 프로그램에서는 늘 최선을 다한다고 말한다. 현재 출연하는 방송 프로그램만 서너 개. 하루도 쉴 날 없이 이영자와 함께 진행하는 KBS2 라디오 '싱싱한 12시'에서도 라디오 DJ로서 청취자들의 사랑을 한몸에 받고 있다. "라디오는 TV방송과는 다른 맛이 있어요. 소리로만 전달할 뿐인데 청취자들과 공감대를 형성할 수 있습니다."

더운 날씨에도 매일 이 시간만 되면 시원한 입담에 운전도 즐겁고 마음도 유쾌해지는 것은 그가 뱉어내는 입담이 한 번의 웃음을 주려고 가공된 게 아니라 그의 생생한 진실성이 가슴에 먼저 묻어나기 때문이리라. 라디오에서는 DJ로, KBS 폭소클럽 '나라 걱정 위원회' 코너에서는 웃음 날리는 개그맨으로, ETN '영화 속 세상'에서는 방송MC로 몸이 서너 개라도 모자랄 정도다.

　"뭐든지 최선을 다하면서 일하는 게 즐겁잖아요. 오히려 방송을 안 하면 병이 생기죠. 즐거운 마음이 되면 몸도 가벼워지잖아요." 이렇게 말하고는 안경을 한번 슬쩍 올려 보이더니 크게 한번 웃는다. 그의 인생은 노마진으로 살아가는 게 아니라 고마진인 셈이다. 자신의 이름을 딴 토크쇼 프로그램 MC를 하는 것이 인생의 목표이자 재출발점이라고 말했다.

　"토크쇼 MC는 단순히 말을 잘 한다고 되는 게 아니잖아요. 패널들을 자연스럽게 설득하면서 프로그램 전체를 토크로만 이끌어간다는 게 쉬운 일은 아니죠. 하지만 전 자신 있습니다. 생활 속 아이디어들이 소재가 돼서 패널들과 재미있게 풀어가는 토크쇼, 저만큼 해낼 사람은 없다는 거~~죠. 하하하하." 자신 있게 노마진 스타일로 한마디를 한다.

탤런트 황범식

"황범식만이 표현할 수 있는 등장인물을 연구하는 것이 내 즐거움"

탤런트 황범식. 이름만 들어서는 그가 누군지 잘 모른다. 전화 통화를 하면서도 "절 아시겠어요?" 하면서 자신을 낮췄던 그였다. 수백여 편의 드라마에서 조·단역으로 출연한 게 배우인생 37년 이력의 전부이지만 배우가 좋아 그 오랜 세월 홀연히 배우라는 광대의 자리를 지켜낸 황범식을 만났다.

"얼굴 봐도 모르실 텐데요"라고 말했던 그였지만 워낙 오랜 세월 시청자들과 함께해서인지 얼굴을 알아보는 사람들은 꽤 됐다. 고속철에서 내려서는 그를 보면서 여기저기서 말을 걸어오고, 사인 종이를 내미는 사람도 있다. 배우로 살아온 세월만큼 누구에게나 친근한 이웃 아저씨 같은가 보다. 내민 종이에 흔적 하나도 정성스럽게 남기는 그였다. 이름과 날짜만 달랑 쓰는 게 아니라 시 한 편 수준의 글을 적어나갔다.

인근 식당에 앉자 그는 배우가 된 인연을 이야기했다. 그에게 배우로서의 재능을 발견하게 해 준 사람은 가정교사. "당시에는 은행원이 되는 게 최고의 직업이었거든요. 그런데 어느 날 가정교사가 저에게 '넌 배우가 되면 잘 할 거야'라고 말하더군요. 배우가 되겠다고 국문과에 원서를 냈다 한 번 낙방하고, 이듬해 발을 들여놓은 곳이 바로 서울연극학교(현 서울예술대학)이었습니다. 그때부터 배우가 제 길이 된 거죠"

강원도 정선이 고향인 그는, 한마디 말에도 구수한 입장단으로 리듬을 타며 듣는 사람도 정겨워질 정도로 이야기보따리를 풀어놨다. 연애담도 그의 얼굴만큼이나 순수했다. "집사람을 처음 만난 게 스물세 살 때 연극 〈오셀로〉에서 이아고 역을 맡았던 때였어요. 버스에서 한창 대본 연습을 하고 있는데 집사람이 눈에 확 들어오는 거야. 하늘이 내려준 인연이다 싶었어요. 그래서 연습 마지막 날 버스에서 내리면서 첫날 첫 공연 초대권 2장을 손에 쥐어줬지요."

그날 공연에 오면 꼭 결혼하리라 혼자서만 마음을 먹고 분장실에서 수십 번도 더 몰래 객석을 쳐다봤다고 했다. "공연 시작 10분 전에 들어와서는 자리에 앉더라고. 가슴이 막 떨리는 게 하늘이 노랗게 보이는 거 있죠. 공연 마지막 날 청혼을 했고 결혼에 골인했죠." 순수한 버스 안 로맨스가 소박하게 성공해서 1남 1녀의 가정도 꾸렸다.

그는 1970년도에 KBS 남산 9기 공채 탤런트로 방송사에 발을 들여놨다. 탤런트 주연, 백윤식, 장항선 등이 방송국에서 한솥밥을 먹게 된 동기들이었다. 당시 최고의 드라마 작가였던 '한운사' 선생이 쓰고 김연진 PD가 연출한 드라마 〈아버지와 아들〉에 출연하면서 그의 조·단역 인생은 시작됐다.

"배우의 크기를 인기로 이야기할 수 있을까요? 마음을 비우고 37년 동안 배우 생활을 하니까 이게 천직이 된 셈입니다. 배역에 대한 욕심은 없어요. 단, 주어진 역할이 작더라도 배우로서의 욕심은 많은 편입니다. 황범식만이 표현할 수 있는 등장인물을 연구하는 것이 제 즐거움이지요. 이 나이에 스타가 되겠어요, 더 유명해지겠습니까. 지금 이것도 만족합니다. 늘 시작한다는 마음으로 최선을 다할 뿐이지요"

사실, 배우로서 좋은 역할에 대한 욕심이 그한테도 왜 없었을까. 그러나 그는 주어진 역할마다 최선을 다해 가며 더 나은 연기자가 되고자 하는 배우로서의 본분에만 충실했던 사람이었다. 입맛에 맞는 좋은 역할은 없어도 좋은 배우는 있는 법이니까.

환갑이 넘어선 나이에도 그의 활동 영역은 다양하다. 젊은 사람도 완주하기 힘든 마라톤도 서너 차례 뛰었고, 강원도 동계올림픽 유치위원으로 활동하면서 다양한 성과와 홍보활동을 펼쳤다. "인생은 도전입니다. 인생을 살면서 웃을 수 있다는 것과 그것을 잃지 않는 것은 큰 즐거움인 거고요" 그의 얼굴에 정직한 웃음이 흘렀다.

개그맨 전유성

"구라 잘 치는 것도 큰 재산입니다."

전유성. 방송작가로 데뷔해, '개그맨'이라는 신조어를 만들어내고, 웬만한 코미디, 개그 프로그램엔 그의 흔적이 빠지질 않는 개그맨이다. 그를 대학로에서 만났다. "난 인터뷰를 잘 안 하는데…" 특유의 그의 톤이 길어진다. 그리고는 두 손이 컴퓨터를 향한다. 인터뷰 약속을 해놓고는… 이 말도 구라로 넘겨야 하나 순간 당황했다.

구라단수가 365단인 전유성. 그의 구라 떨기는 거짓말을 잘하고 '썰'을 잘 푸는 것과는 다르다. 이유인즉, 기발함의 구라로 삶의 활력을 팍팍 넣어주기 때문이 아닐까. 그의 말을 듣고 있으면 귀가 토끼 귀로 변화고 , 두 눈은 황소 눈이 되며, 마음은 오감을 자극한다.

그가 구라로 세상을 꺼낼 때는 웃음철학을 담아낸다. 그래서 그를 이 시대의 진정한 개그맨이자 기인이라고 말한다. 모자를 푹 눌러쓰고는 슬쩍 말을 꺼낸다.

"난, 값싸게 인생을 배울 수 있는 것은 책이라고 생각해요" 책 이야기부터 꺼낸다. 그는 엄청난 양의 책을 읽고 또 읽어서 얻어진 수천 가지의 아이디어는 단전 밑에 꼭 감춰 놓는다. 심심하면 책방에서 살고, 남들이 피서지로 해수욕장을 찾을 때 그는 말 타고 전국일주를 하고, 남들이 컴퓨터를 배울 때, 그는 '컴퓨터 일주일만 하면 전유성

만큼 할 수 있는' 책을 내고 대한민국 국민들의 컴맹 탈출에 상당한 자신감을 심어줬다. "에이~~ 컴퓨터 정도는 전유성만큼은 할 수 있지~~" 하며 웃음 날리며 산 컴퓨터 책은 해박한 그의 지식에 놀라고 자판 연습에 열 올리게 만들어 줬다.

그가 책을 낸 것 중에 아이디어가 빛을 발하는 것이 있다면, 유홍준 교수의 『나의 문화유산답사기』를 패러디한 『남의 유산답사기』다. 이쯤 되면, 구라 내공이 상당 수준에 도달한 것 아닐까.

그를 따라다니는 수식어는 너무 많다. 열 손가락으로는 도저히 그의 직함을 설명할 수 없다. 어쨌든 그의 구라 경력을 살펴보면, 개그맨 1호. 구라 데뷔 경력 올해로 38년째다.

여전히 식지 않는 전유성 식 입담은 남들이 고전 삼국지를 읽을 때, 전유성은 기발한 아이디어로 삼국지를 재해석했다. 고전 삼국지를 수십 번 읽고 스스로 그 시대에 살았던 인물이라면 그 상황에서 어떻게 했을까 궁금했단다. 그래서 그 궁금함을 스스로 해석한 삼국지를 재미있는 구라로 변신시켜 놨다.

"그 당시에 삼국지에 등장하는 인물들이 어떤 심리 상태에서 그런 구라를 쳤을까

하고 궁금했지. 목숨이 하나뿐인 등장인물들이 살기 위해서 다양한 구라를 쳤을 거라는 생각이 들었지. 그러한 심리상태를 다양한 상황 속에 넣고 삼국지 이야기를 풀어 본 겁니다."

등장인물 소개도 간단명료하고 이력서와 신상명세로 유비, 관우, 장비, 조조를 소개한다. 콘텐츠 창작집단 '구라공방' 대표직을 턱 달고 나타나 독자들한테 기막힌 해법으로 구라 삼국지를 웃음으로 날리고 있는 전유성. 그의 식지 않는 아이디어는 몸속 어디서 자라나고 있는 걸까. 이 질문에 그는 "끊임없이 생각해서 만들어진 호기심에 집중하고, 그것을 실천하고 또다시 새롭게 생각하면서 지내니까 자연적으로 묻어나는 거지요, 뭐~." 쑥스러워하며 대답하지만, 전유성 식 기발함은 쉽게 얻어진 게 아닌 듯 보인다.

서라벌예술대학교 연극연출학과를 졸업하고 1970년대 최고의 TV인기 쇼 프로그램 '쑈쑈쑈' 대본을 쓰면서 진정한 연예산업의 구라 세계에 입문해 '개그맨'으로서 그가 세상에 내놓았던 숱한 화젯거리들은 단순하지만은 않다.

그가 개그맨이라는 용어를 처음 사용하기도 했지만, 개그맨들의 등용문이 된 개그 콘테스트도 그가 낸 아이디어 상품이다. "예전에 강변가요제를 할 땐데… 생각해 보니까 가수들만 데뷔할 수 있는 가요제만 할 게 아니라, 코미디언들도 콘테스트가 있으면 좋겠다는 생각을 했지요. 그래서 프로듀서한테 개그 콘테스트 하면 어떻겠어? 했더니 그때부터 쭈욱~ 개그맨 콘테스트를 개최해 오더라고요." 쉽게 한마디 툭 던져서 세상을 변화시킨 아이디어 상품 하나가 툭 하니 나온 게 아니라, 그의 아이디어는 늘 그의 삶과 시간 속에서 그림자처럼 존재하는 듯 보인다.

예전에 그는 탤런트 시험을 준비한 적이 있었다고 말한다. "연기자가 되고 싶어서 네 번의 탤런트 시험을 봤는데 떨어졌지. 그땐, 날 왜 떨어뜨렸을까 하고 자책감도 많이 들었는데… 내가 면접관이 되고 보니까 될 놈, 안 될 놈 가려지더라고, 선수는 처음부터 단박에 알아보게 되더라고요."

그는 후배 개그맨 양성에도 적극적이다. 코미디 전문극단 '전유성의 코미디시장'을 통해 배출된 후배 개그맨과 제자들만 해도 상당수에 이른다. 안상태, 양배추, 김신영, 한현민 등이 그의 구라를 듣고, 개그맨이 됐고 후학을 통해 그가 가르쳤던 제자만도 수백 명이 넘는다.

"코미디도 음악이야. 태아한테 음악으로 태교를 하듯이, 표고버섯 재배 농가를 다니면서 표고버섯을 위한 코미디 음악회를 만들 생각입니다. 표고버섯도 웃음을 들어야 싱싱하게 잘 자라지 않겠어요." 이 말을 꺼내면서 그의 표정은 정말~ 정말로 진지하다. 분명히 꼭 그렇게 할 것 같다는 생각을 들게 만든다. 전유성, 그는 제주도에 코미디와 연극을 전문으로 하는 전용극장을 세울 계획을 갖고 있다고 말한다.

"극장도 파격적으로 만들 겁니다. 벽이 뚫리고, 천장이 열리는 그런 극장 구조로요. 그리고 지역 주민들도 의무적으로 출연하는 연극과 코미디도 개발할 겁니다. 지역 공연에 지역 주민들이 빠지면 안 되죠." 삼국지 10권이 마무리되는 대로 600석 규모의 극장을 만들기 위해서 극장 자리까지 다 봐둔 상태라고 말한다. "바다가 보이는 곳에서 지역 주민들이 출연하고 재미있는 코미디 한 편이 관광객을 맞는다면 극장으로서는 명소가 되지 않겠어요?" 확신에 가득 찬 눈빛으로 말한다.

배우 박해미

"무대는 내 삶에 있어 커다란 행복이자 에너지를 얻는 원동력"

MBC 시트콤 〈거침없이 하이킥〉 녹화장은 늘 즐겁다. NG 중간 중간에 터져 나오는 웃음소리는 누가 시청자고 배우인지 가늠하기 어렵게 만든다. 이렇게 분위기를 띄우는 인물 중 한 명이 바로 배우 박해미다.

그녀는 시종일관 특유의 즐거운 표정과 활기찬 목소리로 분위기를 이끌어나간다. '오~케이'를 연발하는 며느리 역으로 인기를 얻고 있는 그녀. 녹화 중간에 짬을 내어 대기실 복도에서 인터뷰를 했다. 박해미는 "'오~케이'는 유행어로 전혀 계획되지 않았던 대사"라고 했다. 유행어라는 것이 철저한 준비와 계획이 필요하지만 그녀의 경우 캐릭터상 '오~케이'를 즐겨 말한 것뿐인데 유행어가 됐다고. 하긴, 한쪽 눈을 반쯤 감고 엄지, 검지를 모아서 유쾌한 표정으로 '오~케이'를 외치는 그녀를 보면 스트레스도 확 날아간다.

이런 그녀의 인기가 하루아침에 얻어진 것은 아니다. 이화여대에서 성악을 전공했지만, 연극이 좋아 대학로에서 연극배우로 전전하며 무명 생활을 계속했던 그녀. 그러던 중 절호의 찬스가 찾아왔다. 2004년 수백 명의 경쟁자를 물리치고 〈맘마미아〉의 주인공 '도나' 역을 맡은 것이다. 이것을 계기로 그녀의 이름은 유명해졌다. 드라마 〈하

늘이시여〉의 악역으로 시청자의 눈길을 사로잡았고, 결국 시트콤 〈거침없이 하이킥〉으로 20년 무명의 아픔을 거침없이 던져버렸다.

　그러나 그녀는 여전히 무대를 사랑하고 아끼는 연극인 박해미다. "계획이 너무 많아서 탈이에요. 잘할 수 있을까 걱정도 되고요. 앞으로 오페라 〈카르멘〉을 뮤지컬로 만들고 싶어요" 방송에서 뜨고 나면 바쁜 스케줄 때문에 오랜 시간 준비가 필요한 연극무대로 돌아가기가 쉽지 않은 법이지만 그녀는 끊임없이 무대를 생각하고 있었다. "무대를 잊을 수는 없죠. 오히려 무대는 제 삶에 있어 커다란 행복이자 에너지를 얻는 원동력이에요"

　그녀는 대구와 인연이 깊다. 뮤지컬 〈맘마미아〉가 오페라하우스에서 장기 공연에 들어가면서 대구 시민들의 사랑을 한몸에 받았고, 얼마 전 출연했던 뮤지컬 〈I DO, I DO〉 역시 대박이었다. 기세를 몰아 제1회 대구뮤지컬 페스티벌에 홍보대사까지 맡았다.

　"대구 시민들에게 너무 너무 감사하죠. 대구는 뮤지컬 도시로서 무한한 가능성을 가지고 있는 지역이에요"

홍보대사로서 대구 사랑 '오~케이'다. "처음에 대구에서 공연하면서 저도 깜짝 놀랐어요. 관객분들 수준도 높고 관람하시는 분위기도 너무 훌륭했고요. 대구는 뮤지컬 도시로 성공할 수 있는 잠재력을 갖춘 도시에요. 뮤지컬 전용 극장을 만들고, 창작 뮤지컬 등 다양한 콘텐츠를 개발하는 데 중점을 둔다면 충분히 세계적인 뮤지컬 도시로 발돋움할 수 있을 거라고 생각해요."

마지막으로 '스타'에 대한 본인의 생각을 말한다. "저에게 스타는 무의미해요. 배우라는 직업은 경계가 없이 사람을 숙연하고 순수하게 만들죠. 앞으로 배우로서 책임감을 갖고서 시청자들이나 관객들한테 더욱 솔직하게 다가서고 싶어요. 〈거침없이 하이킥〉에서 배우로서 성공은 제자신이 더욱 성숙해지는 과정이라고 생각하죠."

그룹 슈퍼주니어 강인

친근하고 유연하면서도 이름값만큼의 '강인'한 면모를 갖춘 스타

최고의 전성기를 누리고 있는 그룹 슈퍼주니어의 강인(본명 김영운)을 만났다. 아이돌 스타답지 않게 캐주얼한 옷차림으로 나타난 강인. 하지만 어떤 차림새를 하고 있어도 스타는 빛이 나는 모양이다. 차에서 내리는 순간 수십 명의 팬들이 그를 먼저 알아보고 에워싸 버렸다. 하긴 수영으로 다져진 몸매가 남자가 봐도 예사롭지 않았으니 팬들이야 오죽할까.

점심시간이라 인근 식당으로 들어가 식사를 하며 이야기를 나눴다. "하루 24시간이 모자랄 정도예요. 시간이 되면 여행이라도 가고 싶은데 그럴 시간이 없어요." 강인이 먼저 시원스런 목소리로 말을 꺼냈다.

그는 평상시 성격과 방송을 할 때의 모습이 다르다고 했다. 가식이라는 말이 아니다. 자신의 모든 힘을 끌어내 쏟아부을 만큼 최선을 다하기 때문에 평소와는 다르다는 것. "어느 날, 모 방송사 PD가 이렇게 말씀하신 적도 있어요. 그만큼 인정받고 떴는데 좀 쉬엄쉬엄 하라구요. 꼭 그렇게 죽을 것처럼 열심히 안 해도 된다고 절 생각해서 말씀하신 거지만 전 그렇지 않다고 생각해요. 어떤 경우라도 최선을 다해야죠."

강인은 앞으로 연기를 하고 싶다고 했다. 대학시절부터 단편영화에 단골 주연으로

활동하면서 연기의 매력에 흠뻑 빠졌다는 것. 〈옆집아들〉이라는 제목의 단편영화는 국제대회에서 수상을 하기도 했단다. 그 정도의 경력에, 현재의 인기라면 각종 드라마에서 러브콜이 심심찮게 들어올 법도 하건만 왜 아직 연기에 뛰어들지 못하는 것일까?

그는 "현재는 가수로서 더 충실해지고 싶기 때문"이라고 했다. "물론 연기를 하고 싶죠. 하지만 때가 있는 법이라고 생각합니다. 오랜 시간 꺼지지 않고 활동의 폭을 넓혀가기 위해서는 더 많은 준비가 필요하겠지요. 정말 다양한 장르와 캐릭터를 소화해낼 수 있는 연기를 할 수 있을 때까지 많은 준비를 하고 찾아뵐 겁니다." '슈퍼주니어'라는 그룹명은 어떻게 정하게 됐을까? "주니어라는 말은 정해졌는데 그 앞 수식어를 뭘로 할까 고민을 많이 했었어요. 결국 팀원들의 너무 활기찬 분위기 때문에 '슈퍼'가 붙게 된 거죠." 이 아이디어는 SM엔터테이먼트 이수만 대표가 낸 것이란다. "이름이 슈퍼주니어니까 활동도 그 이름만큼 활기차지 않나요?" 팀 이야기가 나오니 강인이 신이 나서 말을 이어나갔다. 멤버가 많아서 팀워크가 어떻게 유지될까 의아스럽기도 하지만 강인은 단 한마디로 답했다. "너무너무 좋죠. 멤버들의 팀워크 전선에는 '이상 무'입니다. 지금도 무대에 오를 때면 다 같이 파이팅을 외치는 걸요. 한 사람 한 사람이 모두 최선을 다하고 있어요."

만나기 전에는 매우 까탈스러울 것만 같았던 강인. 그러나 그 예상은 보기 좋게 빗나갔다. 동생처럼 친근하고 유연하면서도 이름값만큼의 강인한 면모를 갖추고 있었다. 살인적인 스케줄 때문에 피곤할 법도 한데 방송에는 양보가 없어 보인다. 그의 이름답게 그의 역할을 충분히 해내고 있다. "작은 실수를 크게 보지 마시고 항상 응원해 주셨으면 해요 저 또한 책임감을 갖고 열심히 열심히 할게요." 강인. 예명이지만, 그와 너무도 잘 어울리는 이름이다.

배우 최지연

"'동안 배우'보다 '확실한 연기력과 캐릭터를 갖춘 배우'가 되고 싶어…"

날씨가 무더워지기 시작하면서 이제 공포영화가 다시 수면 위로 부상할 시기다. 오감을 짜릿짜릿하게 자극하는 공포영화 하면 떠오르는 여자 연기자가 있다. 2002년 개봉한 공포영화 〈폰〉에서 섬뜩하고 무시무시한 연기를 보여줬던 배우 최지연. 얼마 전에는 KBS 2TV 드라마시티 〈은어가 살던 곳〉에서 풍부한 감성 연기로 시청자의 시선을 집중시켰다.

검정색 정장 빨간색 머플러로 마감을 하고는 약속 장소로 들어서는데 영화배우 이영애와 너무 닮았다는 인상을 받았다.

"데뷔 초에는 이영애 선배와 닮았다는 얘기를 정말 많이 들었어요. 이미지를 닮았다는 말보다는 연기력을 넘어서고 있다는 얘기를 더 듣고 싶은데…. 하하~" 수줍게 말문을 뗐다.

최지연이 배우로 데뷔한 것은 2001년. 대학에서 불어불문학을 전공한 그녀가 졸업을 앞두고 있을 무렵, SBS 주말드라마 〈아버지와 아들〉로 안방극장에 데뷔했고, 이듬해 공포영화 〈폰〉을 촬영하면서 '제2의 이영애'라는 수식어가 그녀 앞에 따라 붙었다. 다른 배우들에 비해 다소 늦게 시작한 연기자로서의 삶. 그녀는 너무나 행복하다고

했다. "이민 생활을 하면서도 늘 제 마음속에는 배우가 되고 싶다는 꿈이 자라고 있었죠. 대학생활하면서 결심을 굳혔지만 평생 배우로 살아간다는 건 너무 행복한 것 같아요. 선택을 잘 한 거죠."

청순한 이미지와 함께 연기력도 뛰어나다는 평가를 받으면서 굵직한 CF도 여러 편 찍었고, 톱 가수들의 뮤직비디오에도 단골로 등장하는 배우가 됐다. 하지만 그녀에게도 시련기는 있었다. 모 대기업의 소주 모델로 발탁돼 활발하게 활동할 무렵, 소속사가 부도가 난 것이다.

"굉장히 당황스러웠어요. 방황도 많이 했죠. 그래도 중심을 잃지 않으려고 무던히 노력했어요. 활동에 목표를 두기보다는 착실히 연기 연습에 매진하면서 또 다른 기회가 찾아오기를 기다렸습니다."

그리고는 2005년부터 그녀는 다시 기지개를 켜고 활동을 재개했다. "참 이상해요. 많은 분들이 기억해 주시니까 배우로서의 책임감이 더 커지더라고요. 배우한테는 많은 활동도 중요하지만 자신만의 이미지를 사람들에게 각인시키는 일이 더 중요한 것 같아요."

얼마 전에 방영됐던 〈은어가 살던 곳〉 이야기를 꺼내며 "시청자들의 반응이 좋았다."고 했더니 손사레를 친다. 아쉬움이 많았던 작품이란다. "배우가 주어진 역할에 대해 만족한다면 그것도 거짓말이겠죠. 부족한 점에 대해 늘 고민하고, 평생 자신과 싸우고 인내하면서 마음을 키워가는 것이 배우란 생각이 들어요. 그래도 촬영 기간 내내 분위기가 너무 좋았던 데다, 좋은 작품을 할 수 있었던 것만으로도 감사드리죠"

최지연은 '동안 배우' 하면 빠지지 않고 그 이름이 등장하는 배우 중 한 명이다. 나이답지 않게 어려보이는 얼굴 이미지에 대해 물었더니 "배우로서는 상당히 부담이 된다"고 했다. 캐릭터 선택의 폭이 좁아지기 때문이란다.

'동안 배우'보다 '확실한 연기력와 캐릭터를 갖춘 배우'가 되고 싶다는 최지연. 시간이 날 때마다 밤새 드라마를 보면서 배우의 감정선과, 호흡, 대사 이후의 표현들을 관찰하고 연습하며 자신을 단련시킨다는 그녀가 앞으로는 어떤 캐릭터의 배우로 안방극장과 스크린을 통해 시청자들과 만나게 될지 자못 기대된다.

배우 오달수

**"죽음의 마지막 순간에 하는 연기가 정말 살아있는 연기가 아닐까요?
그 연기의 맛을 보기 위해 평생 배우로 살아갈 겁니다."**

영화 〈우아한 세계〉, 〈마파도〉, 〈효자동이발사〉, 〈친절한 금자씨〉, 〈올드보이〉. 이들 영화에 공통된 점이 있다면? 바로 배우 오달수가 출연한 영화들이다. 그가 맡은 배역들은 평범한 삶과는 거리가 멀다. 깡패, 삼류건달, 아니면 살면서 이런 사람 한 번 만날 수 있을까 싶을 정도로 독특한 캐릭터를 그려냈다. 작년 한 해만 9편의 영화를 찍었고, 연극무대에도 섰다.

그가 현재 공연 중인 연극 〈다리퐁 모단걸〉의 공연장을 찾아 대학로로 갔다. 동숭아트센터의 객석이 빼곡히 들어차 있었다. 연극 관객이 감소하고 있다고는 하지만 좋은 연극에는 불황이 없는가 보다. 연극 공연을 마치고 나자 그는 오는 9월부터 국립중앙박물관극장에서 막을 올리는 연극 〈코끼리와 나〉의 연습 장소로 안내했다. 공연 날짜가 제법 남았는데도 벌써 작품 회의가 한창이다.

"태종 때, 코끼리가 우리나라에 처음 들어왔다네요. 그런데 이 코끼리가 대신을 밟아 죽이는 사건이 벌어진 거죠. 그래서 코끼리를 죽이지는 못하고 제주도로 유배를 보냈대요. 재밌지 않나요?" 이 연극은 역사적 사실에서 모티브를 잡았고, 이후의 상황

은 상상력으로 가득 채웠다. 그는 "코끼리를 어떻게 만들고 표현해야 할지 아직도 고민 중"이라고 했다.

대화를 나누다 보니 그의 말투가 독특했다. 대구에서 태어나 부산에서 자랐다고 했다. 사투리와 표준어가 뒤섞인 특이한 억양. 그는 "배우로서의 표준어는 사전적 의미의 표준어를 넘어서서 배우와 그 역할에 맞는 자연스러움과 정확성을 담는 게 아닐까요? 배우마다 언어를 표현하는 표준어는 다 다르다고 생각해요. 그게 배우의 스타일이고 관객과 소통하기 위한 수단이죠."

막걸리 두 잔만 딱 마시고 헤어지자며, 허름하지만 정감있는 막걸리 집으로 안내한다. 막걸리 한 주전자와 홍어회를 시켜놓고 말을 이어간다. 그는 "연극하는 것은 삶을 깨닫기 위한 과정이며, 배우로서 무대에 서 있을 때는 관객을 설득시켜 나가는 과정"이라며, 17년 동안 배우의 삶을 살면서 느낀 배우 오달수만의 연극철학으로 정의를 내렸다. 그가 영화에서 아무리 악랄한 악역을 맡고 연기를 한다 해도 그는 악하게 보이지 않는다. 그래서 관객들은 배우 오달수를 좋아한다. "저는 악역을 맡더라도 캐릭터에 의존하기보다는 그 인물의 인간적인 면에 더 접근을 해요. 캐릭터는 같을 수 있지만 정서는 다르잖아요. 연민의 정을 느낄 수 있도록 접근해요" 배우 오달수 연기는 유독 절제가 담겨 있다.

배우 오달수는 2002년 〈해적 디스코왕 되다〉로 충무로에 얼굴을 알리고 눈도장을 찍더니 올해까지 영화만 20여 편 넘게 출연했고, 연극도 〈남자충동〉, 〈인류 최초의 키스〉, 〈흥가에 볕들어라〉 등 대학로에서는 성공한 작품에 출연해 그가 맡은 배역은 다른 사람이 흉내 내기 힘들 정도로 관객들 가슴에 오래 기억될 인상 깊은 연기를 선보였다.

그의 인간적인 매력은 영화계에서도 소문 나 있다. 지난해 그가 출연한 영화 중 절반 이상이 개런티와 상관없이 우정출연이다. 그가 연극 도서로 제일 감명 깊게 읽은 책이 안치운 교수가 쓴『추송웅 연구』라고 했다. "추송웅 선생님이 책에서 이런 말씀을 하셨어요. 배우는 전생에 죄를 지은 사람이 하는 거라고요. 배우가 연극을 앞두고 수개월 연습한 배역을 연극이 끝난 뒤 마음과 가슴 속에서 지워버려야 한다는 게 너무 슬프다고도 말씀했죠. 그게 배우예요." 그는 극단 신기루만화경의 대표로서도 연극사랑 얘기를 한다.

마지막으로 살아있는 연기는 무엇인지를 물었다. "죽음의 마지막 순간에 하는 연기가 정말 살아있는 연기가 아닐까요? 그 연기의 맛을 보기 위해 평생 배우로 살아갈 겁니다." 악함이 없는 진지한 악역 배우. 그게 오달수다.

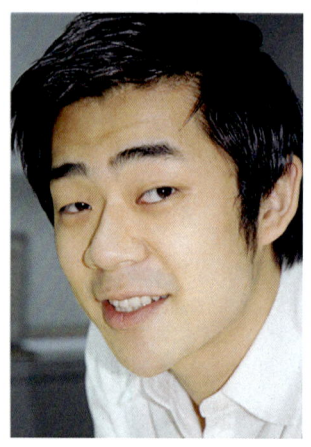

개그맨 김기욱

힘들어도 웃음을 잃지 않는 사람이 되자

"형님, 저 덕끈이라요. 저 시방 지금부터 뉴스를 진행하겠어라." 웃찾사 '형님뉴스' 코너에서 힘 있는 개그 연기로 젊은 층들의 사랑을 한 몸에 받고 있는 개그맨 김기욱을 만나기 위해 서울 SBS 공개홀을 찾았다. 녹화 시간이 한참 남았는데도 녹화장 주변에는 이 프로그램의 인기를 실감할 만큼 많은 방청 관객들이 입장 순서를 기다리고 있다. 현장에서 진행되는 개그 프로그램은 초대 손님들의 반응이 코너의 분위기를 유도하기 때문에 녹화장에서는 결코 없어서는 안 되는 귀한 손님들이다.

공개홀 안으로 들어서자 코너를 준비하는 개그맨들이 눈에 띈다. 수십 번 연습하고 방송에 올리는 코너이지만 애드리브까지 계산에 넣어 철저하게 연습한다. 조폭들을 콘셉트로 한 시사코미디 '형님뉴스'. "뉴스가 뉴스다워야 뉴스지." 사회문제를 코미디로 패러디하는 것은 코미디 소재에 단골 메뉴. 특히 '형님뉴스'의 경우, 덩치 큰 캐릭터들이 공포감을 조성하기보다는 웃음을 유발하는 가장 큰 원동력이 된다. 덕근이 역을 맡은 개그맨 김기욱이 등장하자 공개홀은 환호성이 터져 나온다.

코너 리허설이 끝나고 4층 연습실로 올라온 그의 얼굴 표정에 웃음이 가득하다. 그의 웃음 철학은 생활 속 웃음을 추구하는 것으로 시작된다. "제가 웃지 않는다면 개

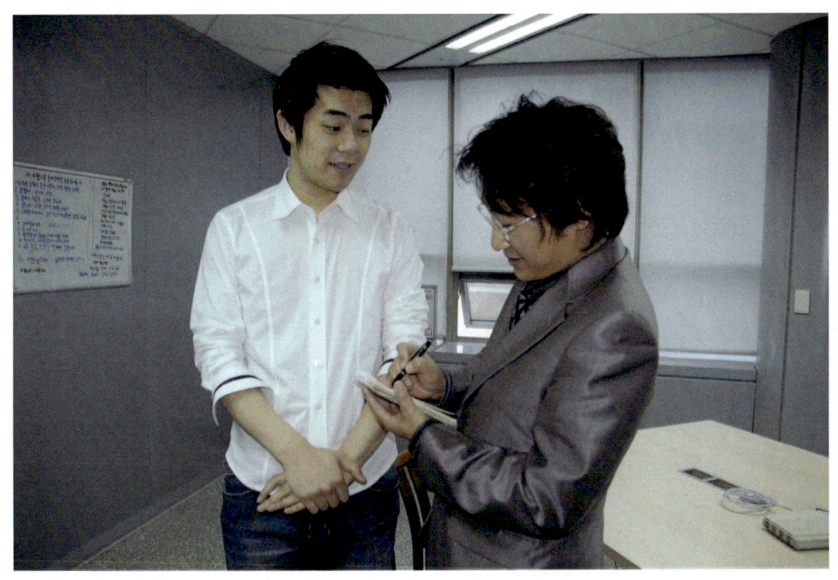

그맨으로 자격이 없는 거죠. 주어진 일에 최선을 다하면서도 즐겁고 낙천적으로 세상을 바라봐요" 보는 순간부터 반갑게 인사하고, 대화 도중에도 작고 큰 웃음소리가 얼굴에서 지워지지 않는다.

그가 처음으로 연기를 접해본 시절로 돌아간다. "고2 때, 방황을 좀 했어요. 그 시절은 다 그렇잖아요. 갑자기 연기를 배우고 싶은 거예요. 무작정 청소년 극단에 들어가서 연극을 처음 접했어요. 제가 할 수 있는 일을 찾게 된 첫 계기가 되어준 셈이죠"

이 시절, 연극 〈남자충동〉에서 유정 역을 맡아 처음으로 연극을 경험하면서 개그맨으로서 재능을 발견했다고 말한다. 당시 연출을 맡았던 김종석 씨는 "힘들었을 법도 한데 성실하게 연극을 대하는 자세가 눈에 띌 정도로 연기를 잘했던 친구였다."고 말한다. 청소년 배우로서도 가능성이 많았던 시절, 그는 더 큰 무대에서 활동하고 싶어 서울로 무작정 올라왔다.

고생하던 시절을 떠올린다. "짜여진 틀에서 하는 연기보다 좀 더 자유롭게 표현할 수 있는 개그맨에 매력을 느꼈던 것 같아요. 신인 시절에는 개그 아이템을 짜느라 힘들었지만 지금은 너무 좋아요" 그의 얼굴이 본격적으로 알려지기 시작한 것은 '화상고'

라는 개그 코너를 하면서. 이 코너를 통해서 스타 개그맨 대열에 합류한 그는, 이 시절 겸손함과 인간다움이 어떤 것인지 깨닫게 됐다고 말한다.

'화상고'를 통해 그의 인기가 하늘을 찌를 무렵, 갑작스러운 무릎 부상으로 1년 넘게 병원 생활을 하면서 얻은 것이 있다면 사람의 소중함이라고 말한다. "많은 분들이 병문안 오셨어요. 지나고 보니까 그분들의 사랑이 없었다면 지금의 제 자신도 없었겠구나 하는 생각을 해요." 이때부터 '힘들어도 웃음을 잃지 않는 사람이 되자'라는 좌우명을 가슴에 새기게 됐다.

"제가 시트콤 광이에요. 앞으로는 시트콤 연기를 꼭 해보고 싶어요. 아울러 개그맨으로서 완성돼 가는 배우가 되고 싶고, 평생을 희극인으로 남고 싶습니다." 개그맨으로 성공하면 부업도 생각해 볼 만하지만 그는 단호하게 말한다. "사업에는 관심 없어요. 평생 개그맨으로 살고 싶을 뿐입니다. 한 가지 작은 바람이 있다면 사람들을 마음껏 웃고 즐겁게 해 줄 수 있는 공연장을 갖고 싶습니다."

개그맨 윤택

개그맨보다는 희극 배우로 불리고 싶다

개그맨 '윤택' 하면 그만의 특유한 머리 스타일을 떠올리게 된다. 180cm가 넘는 키에 건강함이 돋보이는 인물. 그를 만나서 제일 먼저 왜 개그맨이 됐는지 물었다.

"늦게 희극 배우가 된 거죠" 그가 입을 뗀다. 윤택은 개그맨이라는 단어보다는 희극 배우라는 말이 더 정겹다며 '희극 배우'라는 단어를 고집했다. 그는 희극 배우로 데뷔하기 전까지는 인터넷 리서치 솔루션을 개발하는 벤처기업 대표였다고 했다. "직원도 30명이 넘었어요. 사업 실적도 좋고 개발하려는 프로그램 반응도 좋았는데… 사업 자금의 한계 때문에 문을 닫게 됐죠" 문을 닫을 무렵이 그가 살아온 세월 중에 가장 힘든 시간이었지만, 그는 그 시간이 있었기 때문에 인생을 되돌아보고 다시 일어설 수 있었다고 의연하게 말했다.

"그때, 부모님이 참 많이 우셨어요. 돈은 바닥이 나고 사업 자금으로 끌어다 쓴 대출금 상환 날짜는 자꾸 돌아오고…. 이대로 버티다가는 죽을 수도 있겠다 싶을 만큼 참담한 순간이었죠. 순간, 어릴 적부터 꿈꿔오던 희극 배우나 되고 죽자 생각하니까 다시 기운이 들었어요. 그때부터 인생이 바뀐 겁니다." 그는 마음속 쓰라림을 희망이라는 단어로 채워 넣고 나니, 다시 세상이 선명하게 보이기 시작했다고 했다. 그가 데뷔

한 것은 2003년도. SBS 코미디언 공채 7기로 합격하면서 새로운 인생을 맞이했다.

꿈은 현실로 다가왔지만 남들이 알아주는 코미디언으로서 꿈을 지켜 나가는 게 더 힘들었다고 했다. "제가 어릴 적부터 임하룡, 이주일 선생님을 보면서 코미디언의 꿈을 키웠었거든요. 코미디언이 됐다고 좋아했는데 아무도 몰라주니까 속상한 거예요. '봐라, 꼭 코미디언으로서 성공하고 말 테다' 이렇게 마음속으로 생각하고는 정말 이를 악물고 밤낮없이 연습했었죠."

그는 생활 속에서 늘 새로운 웃음을 만들어내는 아이디어를 얻는다고 했다. "우리나라는 외국과 달리 코미디의 변화와 흐름이 빠르기 때문에 매번 새롭고 신선한 캐릭터를 만들어내지 않으면 안 돼요. 그러니까 평상시에도 늘 주변을 면밀히 관찰하고 코미디 소재로 연결하는 버릇이 생겼어요. 그러다 보니 동료들과의 대화조차도 마치 콩트 한 편 같다니까요."

말을 마치고는 그는 가족 뮤지컬 〈짱구는 못말려〉 연습실로 안내했다. 도착하자마자 연습복으로 갈아입고서는 동료 배우들과 뒤섞여 쉴 새 없이 노래하고, 춤추고, 연기 연습에 몰입한다. 웃음기가 가득 묻어 있는 그의 표정이 한없이 행복해 보여 처음 보는 순간부터 희극 배우라고 불러달라는 그의 말을 이해할 수 있을 것 같았다.

한창 연습에 몰두한 뒤 잠시 물 한 잔을 마시러 나와서는 흘러내리는 땀을 닦으며 "코미디 학교를 설립하고 싶다."는 앞으로의 포부를 이야기했다. "철저하게 코미디언의 재능 있는 학생들만 선발해서 학비부터 코미디언이 되는 모든 소요 비용을 학교에서 뒷받침해주는 그런 학교를 만들고 싶어요." 그가 세상에 내놓고 싶은 코미디 학교는 보다 구체적이었다. "코미디언으로의 재능은 있지만 현실 때문에 못하는 친구들도 많아요. 그런 학생들이 원 없이 꿈을 만들어가는 코미디 학교. 코미디언으로서 누군가 후배들을 위해서 해야 될 일 아닌가요." 윤택. 그는 천생 코미디언이었다.

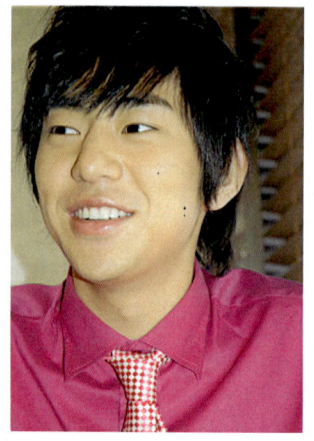

탤런트 안용준

"연기자가 다른 배우한테 자극을 받는다는 것, 그만큼 좋은 공부는 없어…"

MBC 월화 사극 〈주몽〉에서 청년 유리왕자 역을 맡았던 연기자 안용준을 만났다. 아직은 이름이 알려지지 않은 신인배우이지만 시청률 높은 〈주몽〉에서 인상 깊은 연기를 선보인 덕분에 얼굴은 낯익다.

안용준은 매니저 함효진 씨와 마치 오누이처럼 다정한 모습으로 MBC 커피숍으로 들어섰다. 일단은 데뷔하게 된 과정부터 들어봤다. "순전히 매니저 누나 덕분이에요. 제가 원래 비보이 춤을 좋아했는데, 어느 날 춤추는 제 모습을 본 매니저 누나가 사진을 한 장 달라고 하더라고요. 그게 시작이었어요. EBS 〈비밀의 요정〉에 주인공으로 캐스팅되면서 연기자로 활동하게 됐죠." 함 씨는 그의 인상에서 배우 자질을 알아볼 수 있었다고 말했다. "잘생기고 못생긴 것은 중요하지 않아요. 신뢰감을 줄 수 있는 인상이 중요하지요. 의지와 배우로서의 소화 능력도 중요한 고려사항이구요. 용준이는 어떤 이미지라도 소화해낼 수 있는 인상을 가졌죠." 안용준은 유리왕자로 철저하게 몰입하고 집중하기 위해 많은 시간을 노력했다고 말했다. "캐릭터에 젖어들기 위해 유리왕자를 마음속으로 생각하며 이미지 트레이닝을 많이 했습니다. 등장인물의 감정에 빠지기 위해서 음악을 켜놓고 다양한 연습도 했죠."

　그는 하루 3시간 정도밖에 잠을 못 자는 힘든 촬영이었지만 많은 것을 보고 배웠다
고 했다. 쟁쟁한 선배들과의 연기는 그 자체만으로도 신인 연기자를 주눅 들게 하고,
한시라도 긴장을 늦출 수 없게 만든다. 특히 유리왕자의 아버지로 나온 주몽 역 송일국
에게 많은 연기 지도를 받았다고 했다. "너무 잘 대해 주셨어요 같이 촬영하는 분량도
많은 데다가 호흡도 잘 맞아야 하니까. 시간이 날 때마다 저를 불러서 함께 연습하고
연기 지도도 많이 해주었습니다. 곁에서 보면 정말 대단하구나 싶을 정도로 많은 연습
을 하세요." 그러면서 모팔모로 나온 이계인은 어떤지 물었더니 "곁에서 보는 것만으
로도 공부가 되죠 〈주몽〉을 촬영하는 동안 배우로서 인정을 받은 선생님들을 보면서
정말 배우가 무엇인지 많이 느꼈습니다."

　그는 기회가 주어진다면 로맨틱 코미디를 연기하고 싶다고 했다. "단순한 코미디
연기보다는 무거움 안에 가벼움을 드러낼 수 있는 그런 연기를 하고 싶어요." 유리왕자
역을 맡고 난 뒤의 변화를 물었다. "많은 분들이 알아주시죠. 다른 프로그램에 출연
할 때면 함께 출연한 분들이 많이 도와주세요." 옆에 앉아 있던 매니저가 말을 거들었
다.

"〈주몽〉이 워낙 시청률이 높은 인기 드라마인 덕분에 〈주몽〉이 종영한 뒤에도 출연 섭외가 예전보다 훨씬 많아졌습니다." 광고도 이미 여러 편 찍었고, 드라마와 영화 출연도 전보다는 훨씬 많아졌다. 하지만 배우 안용준이 되기 위해서는 연기 활동은 이제부터 시작인 셈. "연기자로서는 이제 첫 걸음을 내디뎠다고 생각합니다. 정말 배우가 된다는 것은 연기자로서 큰 훈장을 받은 거나 다름이 없잖아요. 더 노력하고 열심히 해야겠다는 생각입니다."

안용준은 배우가 될 줄은 꿈에도 몰랐다고 했다. 일곱 살 때부터 타기 시작한 스케이트는 국가대표 상비군 선수가 될 정도이고, 바이올린과 수영은 상당히 수준급이다. "집에서 늦둥이로 태어났거든요. 위로 누나가 두 분 계신데 열 살 이상 나이 차이가 납니다. 부모님들의 기대가 얼마나 컸겠어요. 처음엔 방송 활동에 반대를 많이 하셨지만 〈주몽〉 덕분에 많이 이해해주십니다."

좋아하고 닮고 싶은 배우가 누군지 물었더니 뜻밖에 조승우라고 답했다. "배우로서 많은 것을 갖추고 있는 분이요. 노래, 춤, 연기 외에 배역을 훌륭하게 소화해내는 강한 집중력을 배우고 싶습니다." 안용준은 시간이 날 때마다 책을 읽고, 틈나는 대로 대학로로 나가서 연극과 뮤지컬을 본다고 말한다. "공연을 통해 많은 것을 보고 배우고 느낍니다. 슬럼프가 느껴질 때면 꼭 연극이나 뮤지컬을 봐요. 연기자가 다른 배우한테 자극을 받는다는 것, 그만큼 좋은 공부는 없는 것 같습니다."

가수 송시현

뮤지컬 〈아킬라〉로 대중 곁으로 돌아온 가수, 작곡가 송시현

영화 〈가문의 영광〉에서 배우 김정은이 피아노를 치면서 부른 '나 항상 그대를'은 영화 팬들에게 깊은 인상을 주었다. 이 노래를 만든 사람이 바로 '꿈결 같은 세상'을 부른 가수 송시현이다. 지난 1986년 MBC 대학가요제를 통해 화려하게 데뷔한 뒤 수많은 히트곡을 낸 작곡가, 가수, 음악 프로듀서로 활약했고, 이제는 뮤지컬 프로듀서와 뮤지컬 제작 프로덕션 송뱅크(SongBank)를 운영하는 대표로 〈아킬라〉라는 뮤지컬 한 편을 들고 대중 곁으로 돌아왔다. "뮤지컬 제작자로 처음 대중들과 만납니다. 〈아킬라〉는 셰익스피어 〈로미오와 줄리엣〉의 사랑 이야기를 모티브로 그린 창작 뮤지컬입니다. 100% 토종 뮤지컬이죠."

뮤지컬은 그가 작곡가나 가수로 활동하기 전부터 꿈꿔왔던 작업이라고 했다. "뮤지컬은 정말 창조적인 예술 행위입니다. 맛이 다르다는 얘기죠. 뮤지컬은 곡과 노래가 중심이 돼 이야기를 만들기 때문에 작곡가로서 음악적 한계를 벗어나 만들 수 있습니다. 작곡을 한 뒤 대본을 만들고 그 이야기를 토대로 뮤지컬을 만든다고 생각해 보세요. 가슴이 벅차지 않나요?"

그는 가수로서, 작곡가로서 대중들과 떨어져 있는 동안 뮤지컬 〈청년 장준하〉를 비롯해 수십 편의 뮤지컬에 참여, 그의 천재성을 담아냈다. 그러면서 한국 창작 뮤지컬에 대한 아쉬움을 말한다. "한국적인 뮤지컬 작품을 만들고 싶었어요. 우리나라 뮤지컬이 세계적인 명작들과는 사실 비교되는 부분도 있잖아요. 철저하게 기획 단계에서부터 한국적인 뮤지컬이 돼야 합니다."

뮤지컬 〈아킬라〉는 비언어 연극이지만 음악적 언어가 있는 뮤지컬이라고 설명했다. 이번 뮤지컬 〈아킬라〉는 인류에게 음악은 언어보다 먼저 시작됐다는 이야기에서 출발한다고 했다. 원시시대라는 가상의 공간과 그들이 할 수 있는 소통언어는 아킬라라는 단어가 유일한 그들의 언어란다. 그렇지만 그들은 충분한 감정을 나누고 소통할 수 있다는 것.

가수 이선희와의 특별한 인연에 대해 물었다. 히트곡 중 상당수가 그의 작품. '나 항상 그대를', '추억의 책장을 넘기면', '겨울애상', '사랑이 지는 이 자리', '한바탕 웃음으로', '그리운 나라' 등등. 송시현이 만든 곡은 이선희가 불렀을 때 제 맛을 낸다고 한다.

"제 곡이 쉬운 편은 아니거든요. 그런데 이선희 씨가 부르면 분위기에 어울리게끔 잘 불러주었죠." 당시에 그가 세상에 내놓은 곡들은 LP판으로 100만장 이상 팔려나갔다. "지금 CD 판매량으로 계산하면, 1천만 장이 넘는다고들 해요. 작곡가로서 운이 좋았죠." 운이 좋았다고 표현하지만 그는 작곡가로서 끊임없이 자신만의 색을 담은 곡들을 세상에 내놓았다.

'꿈결 같은 세상'을 부르며 가수로도 성공한 그가 1996년 이후 대중들과 가까운 작곡가보다는 음악가로서 더욱 두드러진 활동을 보였다. 시련도 있었다. 그가 2집 앨범에 담은 '가야 할 나라'라는 곡이 방송심의위로부터 부적합 판정을 받았다. 저항 가수라는 그릇된 판정 때문에 방송 출연이 금지됐다. 하지만 그는 그 시간들이 너무 행복하고 음악적 공부를 더 할 수 있는 좋은 기회가 됐다고 회상한다. 그가 음악저작권협회에 등록을 해놓은 곡만 3천 곡 이상이다. 작곡가로서 음악적 한계에 대해 물었더니 솔직한 답을 했다. "작곡가가 음악적 한계에 부딪히면 자신의 곡도 표절할 수 있어요. 그래서 작곡가로서 영감은 정말 중요합니다. 다행히 게으르지 않게 다른 음악을 내놓을 수 있는 힘을 하느님이 주신 것 같아요."

인터뷰 끝에 그는 다시 뮤지컬의 매력에 대해 말했다. "뮤지컬은 팀 안에서 앙상블을 이루고, 곡을 통해 말을 하고, 표현한다는 매력이 있습니다. 이번 뮤지컬은 세계 뮤지컬 역사를 다시 쓰고, 그 무엇과도 바꿀 수 없는, 우리나라를 넘어선 우리 것이 될 겁니다. 보면 볼수록 재미있고 신나니까 꼭 오십시오." 미성의 말투에는 신념이 가득 찬 단단함이 배어 있다.

배우 정한용

정치인에서, 보통사람이 제일 잘 어울리는 배우로 돌아온 정한용

〈하얀 거탑〉에서 주인공 못지않게 시선을 끌었던 29년차 배우 정한용. 극중에서는 주인공 장준혁(김영민 분)의 장인으로 등장하지만, 그는 주연보다도 더 관심을 끄는 조연이었다. 브라운관을 통해 비쳐지는 분량은 많지 않지만 그의 대사와 눈빛 연기는 압권이다. 배우로서 29년의 세월 동안 시청자 가슴에 남아있는 이유가 있다면 '보통사람'의 캐릭터를 강렬하지도 넘치지도 않을 정도로 잘 표현하고 있기 때문이다. 오후 7시 30분, KBS 별관 로비. 〈하늘만큼 땅만큼〉 녹화를 끝낸 그는 극중 인물 옷차림 그대로 반갑게 손을 내민다.

식당에 앉아 지난 1982년에 출연한 드라마 〈보통사람들〉 이야기를 꺼냈다. 그가 배우가 된 것도 순전히 친구 때문이란다. "1979년 동양방송 23기 탤런트로 합격했는데, 친구가 시험 한번 보자는 거야. 친구 놈이 잘생겼었거든. 근데 그 친구는 떨어지고 나만 붙었어."

그는 시험에 합격하고도 방송국에 가지 않았다. "생각해봐. 70년대만 해도 배우하면 다들 잘생기고 예쁜 사람들만 하는 거라고 생각했어. 그때만 해도 내가 가야 할 길이 아니라고 생각해서 한동안 쭉 방송국을 안 나갔어." 컬러TV 시대를 맞으면서

방송 출연을 결심하게 됐다. "방송국에서 연락이 온 거야. 이제부터 드라마는 잘생긴 사람만 나오는 게 아니고, 자연스러운 일상생활을 다룬 드라마들이 앞으로 대세 일거라고 하잖아. 당시 나하고 같이 출연한 배우들 중에 나만 좀 보통사람 이미지잖아. 같이 출연한 강석우 봐. 얼마나 잘생겼어."

〈보통사람들〉에 출연한 정한용은 앞치마를 두르고, 부엌에서 살림을 혼자 다 할 것 같은 이미지로 시청자들의 사랑을 한몸에 받았다. "얼마나 반응이 좋았으면 여자들이 시집가고 싶은 남자 순위 1위였다니까."고 말하며 껄껄 웃는다. 이 시절, 자신의 보통사람들의 이미지가 시청자들에게 어필하게 되자 삶의 중심이 아닌 주변에서 함께 살아가는 평범한 이미지를 선호하게 됐다고 말한다.

하지만 정한용이 출연한 작품들을 보면 평범한 일반인 이미지를 넘어선 강렬한 카리스마를 담아낸다. 그가 국회의원에서 다시 배우 정한용으로 돌아왔을 때 맡은 첫 역할이 〈천국의 계단〉에서 사채업자 한필수 역이었다.

전성기 때의 평범하면서도 친근한 서민 이미지와는 딴판인 캐릭터. "국회의원을 하고 나서 다시 드라마를 하려니까 왠지 서먹했어. 시청자들한테 더 가깝게 가야 하는데, 좋은 방법이 없더라고. 이래서는 안 되겠다 싶어 완전히 망가지기로 했지. 이전 이미지와는 완전히 다르게 말이야."

그는 고량주 한 잔을 툭 털어 넣으면서 솔직하게 말을 이어간다. "정말 많은 분들이 날 사랑해주셨는데 정치한다고 시청자 곁을 떠났었고, 정치인으로 더 좋은 모습으로 보여드렸어야 하는데 좋은 모습으로 끝을 맺지 못한 것 같아서 너무 죄송하다고 생각했어. 그래서 속죄하는 마음으로 남들이 회피하고 싫어하는 역할을 맡고 망가졌는데, 시청자들이 더 좋아해 주셔서 고마울 뿐이지."

정치인으로서 정치권력의 힘도 느껴보고 쓴 잔도 마셔본 그는 딱 잘라 말한다. "앞으로 정치는 안 해. 연예인이 선거에 미치는 영향은 정말로 막대하지. 선거는 캠페인을 얼마나 효율적으로 잘 운영하는가에 따라서 달라져. 때문에 정치는 연예인들의 호소력에 집중할 수밖에 없어요."

정한용은 미국 뉴욕대 대학원에서 선거 캠페인 공부를 했다. 이제는 배우로 돌아온 정한용은 정치에 가담할 생각은 없지만 해야 될 일은 더 많다고 생각하는 것 같다. 정한용의 말솜씨는 보통사람 이상이다. 단순히 말을 잘하는 수준을 넘어서 한마디로 박학다식한 배우다. 방송국에서 식당으로 옮기고 음식을 시키고 대화를 나누는 동안 정치, 경제, 인문학 얘기가 오고가더니 잠시 틈을 타서는 우주와 빛에 대한 이야기까지 나온다. 소문난 대로 학구파 정한용이라는 것을 곁에서 새삼 느끼는 순간이다.

그리고는 다시 배우로 돌아간다. "내가 살아가는 힘의 원천은 가정이야." 그는 라디오, 방송드라마 등 출연 프로그램이 5개가 넘는다. "쉬지 않고 배우로서 바쁘게 살아가는 게 좋잖아." 지난 1983년 EBS 앞 잔디밭에서 내 손을 꼭 잡고 친근한 형처럼 배우가 되는 법을 친절하게 알려주었던 그 20년이 훌쩍 넘는 세월이 흘러 다시 만난 그는 여전히 형처럼 보통사람이 제일 잘 어울리는 배우다.

탤런트 최민용

"사람답게 사는 게 중요… 한 명의 '스타'가 아닌 진정한 배우가 되고파…"

시트콤의 매력이란 다양한 에피소드와 극의 반전 효과가 주는 코미디적 요소일 것이다. 배를 움켜잡고 터져 나오는 큰 웃음이 아니더라도, 시청자들의 웃음을 끊이질 않게 만든다. 이때 이야기를 뒷받침하는 에피소드도 중요하지만, 등장인물들의 다양한 캐릭터는 또한 시청자들의 시선을 끈다.

시트콤 〈거침없이 하이킥〉에서 '까칠 민용'으로 등장하는 탤런트 최민용. 그 역시 시청자들을 웃게 만드는 색깔 있는 캐릭터 중 한 명이다.

그는 군대 가기 전까지 택시운전만 빼놓고 안 해 본 일이 없을 정도라고 했다. 청소년 드라마로 일찍 데뷔하면서 얼굴이 제법 알려진 배우였는데도 굳이 고생을 자청한 이유는 자신을 벗고 새로운 세상을 배우고 싶었기 때문이라고.

"제가 좀 엉뚱한 데가 있거든요. 세상을 다 느끼고 싶었다고 해야 할까요. 사람들과 부딪히면서 참으로 느끼는 게 많았어요. 제 개인의 관념적인 사고도 깨지게 되고, 원시적인 최민용의 모습을 볼 수 있었죠"

그의 취미는 애완견 기르기와 원목공예. 집에 있는 개들만 수백 마리에 달하고, 탁자, 의자, 책상 등 나무로 만들 수 있는 것은 대부분 그가 손수 만든 작품이다. 하지만 원목 재료값은 꽤나 비싸다. "나무 값이 장난이 아니라 취미 생활치고는 고가의 취미 죠. 그래서 생각해낸 게 컨테이너 운반할 때 쓰는 받침대(팰릿)를 구해다 취미생활을 유지하고 있습니다. 쉿! 이건 비밀인데."

그의 취미가 결합돼 독특한 작품도 하나 만들어 놓았다. "개집마저도 목재를 사용 해 초호화판으로 꾸며 놓았죠. 수십 마리의 강아지들이 들어갈 만큼 큰 사이즈에, 형광 등을 설치하고, 바닥에는 전기온돌 패널까지 깔아놨습니다."

개를 누구보다 사랑하는 그이지만 주위 사람들에게는 혈통 있는 비싼 애견을 선뜻 선물하기도 하는 그다. "돈을 따질 필요 있나요. 마음의 선물은 나눔이에요. 그냥 제가 좋아하는 반려견을 나눠주면 제 마음도 따뜻해지고 받는 분들의 마음도 포근해지는 거죠." 최민용의 이 말을 듣더니 옆에 있던 촬영감독이 "그럼 나도 한 마리 줘."라며 보챈다.

그의 엉뚱한 발상은 일상 속에서 웃음 코드를 찾게 만드는 중요한 요소다. 그만의 독특한 방법으로 자기 안에 쌓인 무거운 마음을 털어내고, 균형감 있는 생활을 유지해 가는 듯 보였다.

그의 이런 독특함은 차 안에 노래방 기기를 장착한 데서 절정을 이룬다. "저의 부모님이 트로트 노래를 듣고 부르시는 걸 좋아하세요. 바로, 차 안에 노래방 기계를 장착했죠. 전 운전하다가 스트레스가 쌓이면 바로 마이크 들고 노래를 불러요. 괜히 짜증 내면 뭐해요. 저만 손해죠. 바쁜 사람들은 우왕좌왕하고 경음기 소리는 하늘을 찌르는데, 전 차 안에서 노래 한곡을 쫙 뽑고 기다리니까 더 여유가 있잖아요."

최민용은 극중에서 보여주는 이미지와는 너무나도 다른 사람이었다. 혼자만의 독특한 방법으로 본인의 삶을 유지하는 그는 마음의 무거움이 무엇인지 잘 아는 사람처럼 보였다.

"제 좌우명이 '인간된 도리를 다하고 살자'입니다. 사람답게 사는 게 중요하잖아요. 저랑 인연이 된 분들을 소중하게 생각할 줄 알고, 저 또한 그분들에게 한 사람의 인간 으로서 마음을 다하는 것이죠. 시청자들에게도 한 명의 '스타'가 아니라 진정한 배우가 되려고 노력하는 한 인간일 뿐입니다."

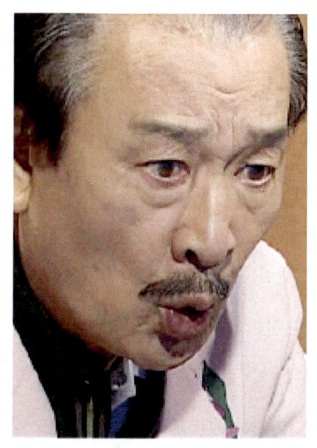

배우 이순재

배우를 넘어서고 있는, 이 시대의 진정한 아버지 같은 배우

MBC 일일 시트콤 〈거침없이 하이킥〉에서 한의사로 등장해 아들에게 거침없이 발길질을 날리는 가부장적인 모습에서 어느 날 식구들의 눈을 피해 컴퓨터를 몰래 켜고 야한 동영상을 찾아보다가 가족들에게 들켜버리는 배우 이순재. 이 장면 때문에 '야동순재'라는 유행어를 남기고 포털사이트 검색어 1위를 차지할 만큼 거침없는 인기를 누리는 그는 72세라는 나이가 무색할 정도다.

녹화 대본이 올려진 테이블 위에 안경을 천천히 내려놓으며 첫 마디를 꺼낸다. "배우라는 게 가능하면 백지 상태가 돼야 해. 그 백지를 채우고 또 채워가는 게 배우이고 그 맛이지." 드라마 목소리보다 더욱 허스키한 음색에 강한 힘을 싣고 말을 이어간다. "배우가 극중 리얼리티에 생명력을 주려면 자신이 갖고 있는 재료에 극중 인물을 넣고서 새로움을 만들어야 해."

그는 올해로 '연기 인생 50년'을 훌쩍 넘어서고 있다. 배우가 출연한 수많은 작품을 수십 년간 가슴에 묻고 기억한다는 게 쉬운 일은 아니지만, 그는 1982년에 대원군 일대기를 그린 사극 〈풍운〉의 이야기를 꺼낸다.

"다시 한 번 해보고 싶은 역할이 있다면 대원군이야. 실제 대원군 이미지는 나와 전혀 맞지가 않거든. 실제 인물은 풍채가 크고 강인해 보이는데, 거기에 비하면 난 좀 왜소해 보이잖아. 대원군의 고뇌하고 좌절하는 인생의 욕망을 표현하기가 쉽지 않잖아. 난 대본을 받는 순간부터 내가 갖고 있는 배우로서 재료에다가 새로운 대원군을 나한테 넣어버렸지." 그가 출연한 〈보통사람들〉, 〈눈이 내리네〉, 〈보고 또 보고〉, 〈허준〉, 〈상도〉, 〈목욕탕 집 남자들〉, 〈내 사랑 누굴까〉, 〈사랑이 뭐길래〉 등의 드라마에서 세상에 내놓은 등장인물들은 늘 새로움을 담아내려는 강한 의지가 담긴 흔적들이다.

김수현 작가와의 특별한 인연에 대해 물었다. "김수현 작가의 대사는 부호 하나 버릴 게 없어요. 그만큼 배우가 말을 하기에 가장 좋은 언어로 표현돼 있지. 당연히 말을 못하는 배우는 그분 작품에 출연했다가는 엉망이 될 수도 있고 말야." 그러면서 배우는 대사 구사 능력이 중요하다고 말을 이어간다. "말의 고저를 제대로 알고 표현해 내는 배우 지망생들이 드물어. 배우는 표준어를 얼마나 아름답게 표현해낼 수 있는지가 중요한데 그 훈련들이 잘 안 돼 있어." 그는 세종대 영화예술학과에 석좌교수다.

고교 연극반 시절부터 연극의 맛을 알게 돼 서울대 철학과에 진학하자마자 여러 동기들과 서울대 연극반을 만들고 평생을 배우로 살겠다고 결심했다고 한다.

"당시에는 실험적인 연극이 많지 않을 때였어. 연극이 좋아서 뭉친 사람들과 밤새도록 토론하고 새로운 연극도 만들고 다양한 연기 훈련 방법들도 고안해냈지." 그는 1962년 KBS 개국 드라마 〈나도 인간이 되련다〉에 출연하면서 방송과 인연을 맺어 평생토록 바쁜 배우로 살아가고 있다. "방송을 시작하면서 바빠서 자주 연극을 하지는 못했지만 연극은 나에게 많은 것을 줬어. 1979년에 〈세일즈맨의 죽음〉에서 윌리 로만 역을 맡아 국립극장에서 공연했는데, 그 작품을 아직도 잊지 못해. 20년이 지난 후에 그 역을 다시 맡고 공연했는데 전혀 새로운 느낌을 주더라고. 아마 그게 무대에 서게 만드는 이유인 거 같아."

그는 1992년 제14대 민자당(민주자유당) 국회의원에 당선돼 이듬해 부대변인까지 지낸 시절도 있었다. 그래서 정치 얘기를 조심스럽게 꺼냈다. "요즘에는 우리 문화를 대변하는 정치인들이 많지 않아 아쉬워. 국민 모두가 즐길 수 있는 것은 문화뿐인데, 정치는 문화 마인드가 없으면 설득력을 잃을 수밖에 없어. 문화를 진정 이해하는 정치인들이 많이 나와 주었으면 하는 바람이 커요."

늘 새로움을 담아내려는 그는 수많은 시청자들의 가슴에 남아있는 배우이자, 배우를 넘어서고 있는 이 시대의 진정한 아버지 같다는 생각을 하게 만든다.

뮤지컬 배우 이건명

"저 아저씨 이름이 일곱 명이래"

뮤지컬 〈미스 사이공〉 공연이 한창인 오페라하우스에서 배우 이건명을 만났다. 존 역으로 열연 중인 그는 얼굴을 보자마자 반갑게 손을 내밀었다. 유쾌하고, 호탕한 사람이었다. 그의 나이 올해로 36살. 배우 경력 12년차 되는 뮤지컬 배우치고는 얼굴이 동안이다. 그래서일까? 그가 건네는 말까지도 솔직하고 담백하면서 거침없게 들렸다.

"처음에는 배우가 될 생각이 없었어요." 그는 배우가 된 것이 순전히 친구 때문이라고 했다. "고등학교 때 친구 녀석이 뜬금없이 연극반에 들어가면 대학도 들어갈 수 있다고 설득하잖아요. '넌 재능이 있는 놈이잖아' 하면서요."

그리고 결정적으로 그를 뮤지컬 배우로 만들어 놓은 사건은 고2 여름방학 때 일어났다. "그때 뮤지컬 〈아가씨와 건달들〉을 보고 큰 충격을 받았죠. 내가 좋아하는 춤, 노래, 연기들이 다 있는 거예요. 저거다 싶었어요. 그때 뮤지컬 배우가 되기로 결심했어요."

그는 연극을 전공하면서 배우의 길을 꿈꿨지만 아픈 기억도 많았다고 털어놨다. "졸업은 했지만 제 자신에 대해 자신이 없었어요. 남들보다 잘 하는 것도 없고, 배우가 되기 위해 익혀야 할 무대 경험의 기회도 저에게는 잘 찾아오지 않았죠. 그래서 방황하면서 술도 많이 마셨어요."

눈물도 많이 흘렸다고 했다. "임재범의 '비상'이라는 노래 있잖아요. 그 노래를 들으면서 정말 펑펑 울었죠. 스스로 쓸모없는 놈이라고 생각하니까 더 서러움에 눈물이 쏟아지더라고요. 공들여 준비한 공연이 막도 올리지 못하는 악순환이 계속되던 IMF 무렵이었는데 배우로서의 존재감이 없어져 더욱 상심했던 것 같아요." 제법 힘들고 어려웠던 시기였을 텐데도 그는 시종 웃으면서 이야길 이어나갔다. "그러던 어느 날 오기가 생겼어요. 제가 할 수 있는 게 무대 위 배우밖에는 없더라고요. 그래서 무대를 버리면 안 되겠다 싶어서 스스로 분위기를 확 바꾸기로 했지요." 그는 그때의 변화가 없었다면 지금의 이건명은 존재하지 않을 것이라고 했다. "만나는 사람마다 악수하면서 '나~ 이건명이야' 하면서 유쾌하게 사람들을 만나기 시작했어요. 생각을 바꾸니까 그때부터 표정이 다시 살아나기 시작하더니, 긍정적인 사람이 되어 있더라고요. 미소는 사람까지 바꾸는구나 몸소 체험했죠." 그랬더니 그는 별명이 '일곱 명'이라고 소개했다. 잘못 들어나 싶어 다시 물어봐도 들려오는 그의 별명은 '일곱 명'이다. 이름을 외치고 다니는 그의 모습을 보고 잘못들은 꼬마가 엄마에게 "저 아저씨 이름이 일곱 명이래."라고 말해 생긴 별명이란다.

울음으로 자신을 지키고 단련시킨 배우. 우여곡절을 털고 굳게 일어난 배우여선지 그는 한국뮤지컬대상 시상식에서 2001년 신인상을 받고 2002년에는 인기스타상까지 거머쥐었다. "상 받은 날도 너무 기뻐서 울었죠 뭐. 저를 인정해 준 상이고, 상을 받으면서 그동안 고생시켜드린 부모님께 보답이 됐다고 생각하니까 울음이 나데요."

그는 스스로 생각하는 배우의 정의를 내려달라고 부탁했다. "아무것도 없는 빈 공간에 다양한 색을 담아서 진실되게 표현하고 감정을 전달하는 사람 아닐까요" 그러면서 대구에서 뮤지컬 배우가 되고 싶은 지망생들에게 조언도 아끼지 않는다. "기본적으로 노래하고, 춤추고, 연기할 줄 아는 사람들이 되었으면 좋겠어요. 화려함 때문에 선택하지 말고 먼저 자신의 재능을 테스트해야죠. 그리고 철저하게 연습할 수 있는 마음과 자세가 중요합니다."

항상 활기찬 기분을 유지하고, 그 활기참 속에 행복까지 담아내려 노력하는 뮤지컬 배우 이건명. 큰 행복을 누리고 있어서 기쁜 게 아니라 그 마음이 유지돼야 한결같은 행복함이 곁에 늘 있을 수 있다는 걸 잘 아는 사람 같았다.

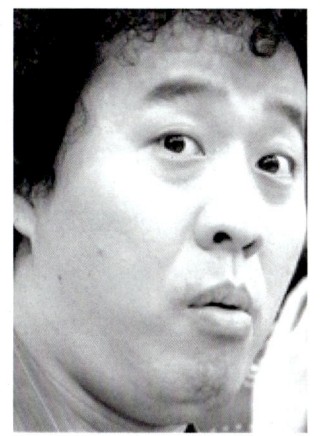

정준하

"바보스럽다는 편견은 절 두 번 죽이는 거예요!"

MBC 일일 시트콤 〈거침없이 하이킥〉 녹화 스튜디오에서 만난 정준하는 쉴 새 없이 바쁘게 움직이고 있었다. 극중 캐릭터 때문에 운동복 차림을 하고서는 한 손에는 대본을 들고, 분장실과 스튜디오 로비를 분주하게 움직였다. "오늘 인터뷰를 할 수 있을지 모르겠어요 오늘 녹화 분량이 장난이 아니거든요"라며 스튜디오 안으로 사라지는 정준하를 보면서 매니저는 "요즘 녹화 분량이 많아 살인적인 스케줄"이라고 했다. 그는 요즘 영화, 드라마, 코미디, 시트콤 활동에다 뮤지컬 〈풀몬티〉의 레이브 역으로도 연기력을 인정받고 있다. '거침없이' 인기 상한가를 치고 있는 것이다. 잠시 후 녹화를 마치고 나온 그의 모습에서는 사뭇 진지함이 감돌았다. "휴~ 이제는 인터뷰하죠" 하며 옆에 앉는다. 부품한 그의 곱슬머리는 유난히 그를 밝게 만들어 오랜 친구 같은 편안함을 준다.

그는 인터뷰를 하면서도 수많은 사람들과 반갑게 인사를 나눴다. 정준하의 인간관계를 보여주는 단면이다. 그래서 그의 인간관계에 대해서 나름대로의 철학이 있는 것인지 물어봤다.

"철학은요, 뭐. 편안함이겠죠 모든 분들께 잘하려고 노력하고 편하게 만나요 진실되게 이야기를 들어주고, 함께 하는 것밖에 없어요. 제가 먼저 드러내려고 하지 않아요. 그냥 그 사람들 안에 제가 있는 거죠. 저도 사람인데요." 정준하는 늘 그래왔듯, 현재 그의 인기와는 상관없이 항상 자신을 낮춘다. 그러면서도 그가 표현하는 코미디 연기에도 편안함이 우선시된다고 말을 열었다.

"'노 브레인 서바이벌'에서 보여준 연기가 성공할 수 있었던 이유도 바보스럽지만 편안함이 있었기 때문에 가능했던 것 같아요. 보는 사람도 편안하고 저 또한 편안하고 자연스럽게 연기하려고 노력하려고 하고요." 그는 주어진 역할에 대해서만큼은 과장된 표현 없이 자연스럽게 표현하려고 노력한다고 말한다. 뭔가를 자꾸 하려고 하다 보면 더 과장될 뿐이라는 것이 그의 생각이었다. 가끔은 과장된 표현이 필요한 연기도 있지만, 꾸밈없이 극중 역할에 집중하고 그 속에서 자연스러움을 보여주는 것이 그의 연기 철학이라고 했다.

정준하는 또 하나의 중요한 요소로 '연기하는 환경'을 손꼽았다. 같이 출연하는 사람들과 유대관계를 유지하고, 스태프들과도 편안한 분위기를 만들려는 노력을 통해 연기가 아니라 집에 있는 것처럼 편안한 환경이 될 수 있다고 했다.

그를 잘 아는 주변 사람들은, 그는 '늘 한결 같은 사람'이라고 말한다. 그만큼 두터운 인맥이 그의 장점이자 최대의 무기인 셈이다. 잠시 쉬는 틈을 타 취재진이 몰려들지만 이들에 대한 사소한 배려도 잊지 않는 것이 그의 매력이었다.

그는 현재 연예인 야구단 '한(恨)'의 멤버로 활동 중이다. 야구라면 자다가도 벌떡 일어날 정도의 야구광. "다른 분들은 연예인 야구단 하면 특별한 사람들이 모여서 야구만 즐기는 줄 아시는 분들도 많지만 그렇지 않아요. 야구를 통해 모였지만 어려운 이웃들을 위한 봉사활동도 많이 하죠."

이야기를 나누는 동안 다시 녹화가 시작됐다. 그는 "못다한 이야기는 녹화 끝나고 해요. 여기에 꼼짝 말고 기다리고 계셔~"라며 특유의 웃음을 보인다. 그를 따라 〈거침 없이 하이킥〉 녹화 스튜디오 안을 들여다봤다. 프로그램을 이끌어가는 주인공들이 하나 둘 모이더니 무대는 사람들이 살아가는 낯익은, 또 정감 넘치는 공간으로 바뀌었다. 그 안에 정준하는 편안함을 무기로 시청자들과 만나고 있었다.

가수 김현철

"내 노래들 전부 내 자식들인데, 똑같은 마음으로 사랑해야죠."

전화 한 통이 걸려왔다. "서울에서 볼 필요가 뭐가 있습니까. 볼일이 있으니까 대구에서 뵙죠." 가수 김현철하고의 인터뷰 약속은 이렇게 전화로 시작됐다.

인터뷰 약속을 일주일을 남겨놓고 9집 앨범까지 그가 부른 대표곡들을 다시 들어봤다. 노래 속에 그의 음악 인생 18년의 세월이 그대로 녹아들고 있었다. 우직하게 한 길만 걸어온 세월. 그가 하고 싶었던 말이 노랫말 속에 실려오는 듯했다.

개구쟁이처럼 맑은 미소가 갈색 뿔테 안경으로 인해 좀 더 선명해 보이는 그를 만났다. 고시원에서 공부에 파묻혀 살다가 커피 한 잔 마시러 세상 밖으로 처음 나온 사람처럼 수줍어하면서 차분하게 말문을 열었다. "음악은 시와 같아요. 그래서 세상과 노래로 얘기하고 싶어요." 그는 세상과 싸우고 그 속에서 이기기 위해 노래를 만들고 부르지 않는다고 했다. 그리고는 세월 동안 하나둘씩 세상에 내놓은 곡들에 대해서 자식과 같은 심정이라고 말했다.

"제가 세상에 내놓은 노래들인데 특별하게 마음에 드는 좋은 곡이 있다면 안 되죠. 전부 제 자식들인데, 똑같은 마음으로 내 노래를 사랑해야죠. 물론 평가와 듣는 분들에 따라 선호하는 차이들은 있으시겠지만 그건 제 몫을 떠난 거잖아요. 좋은 음악만을

만들고 부르고 싶죠. 자식한테 순서를 매긴다는 건 너무 잔인한 짓이죠." 듣고 보니
그의 말에 수긍이 간다. 그는 시선을 떨어뜨리지 않고 계속 말을 이어간다.

"콘셉트를 정해놓지 않아요. 매우 위험한 발상이죠. 뭔가 정해 놓는다면 자유롭지
를 못하잖요. 제 마음이 어떤 것을 담고 싶은지도 모르는데…" 그는 곡을 만들거나 작
사를 할 때 그때마다 떠오르는 영감을 갖고 만든다고 말한다. 번득이는 그의 음악적
영감의 깊이는 늘 좋은 음악으로 가까워지려고 곡을 담고 가사를 쓰는 셈이다. 그는
한계가 없는 음악을 추구하고 싶다고 했다. 그림을 보면 사람에 따라 그림의 느낌과
깊이가 달라지듯, 음악도 같기 때문이란다. 그래서 비슷하게 들리는 노래마저도 모두
다른 색깔과 옷을 입고 있다고 했다. 이 옷은 김현철이 만든 것이 아니라 듣는 사람이
다시 입혀 놓은 옷이다. 그는 "노래가 좋아 곡을 만들고 부르다 보면 자연스레 좋아해
주시기 때문에 억지로 멋을 부리고 기교를 넣는 양념도 필요가 없어진다."고 했다.

그가 말하는 도중에 MBC '만원의 행복' 팀 촬영이 한창이다. 옆에 있는 스타일리
스트가 잠시 틈을 타서 그의 얘길 들려준다. "만원의 행복 때문에 식사도 제대로 못하
세요. 그리고 평상시에는 얼마나 개구쟁이신데요. 까르르르~." 그리고는 그가 다시 말

을 받는다.

"제가 음악을 음악답게 해야겠다는 생각이 3집 때부터였어요." 의외의 말이었다. "그때까지는 저의 음악적 재능만 믿고 취미로 했다면 4집부터는 진정한 음악인이 되고 싶어졌어요. 가만히 생각해 보니까 제가 할 수 있는 게 음악뿐인 거예요. 그래서 평생 음악을 하는 사람으로 살아갈 거면 더 공부하겠다는 마음으로 곡을 썼어요."

가수로서도 성공한 그한테 성공의 의미에 대해서 어떻게 생각할까 하고 물었다. "성공의 의미의 기준은 없다고 생각해요. 세상 밖으로 소리를 낸다고 해서 성공했다고 할 수 없는 거고요. 중요한 것은 제가 하고 싶은 일을 하고 산다는 것에 만족감을 느껴요. 앞으로 해야 할 일들이 태산같이 있는데 그 일들을 다 해놓으면 제가 생각하는 마음으로는 성공했을지도 모르지만…. 아마 평생 가겠죠."

성악가 최덕술

"정직한 예술가가 되고 싶어… 음악은 언어와 같아 솔직함 담아야 진실로 전달돼…"

600여 회 이상 공연을 한 성악가 최덕술. 전국 어느 곳에서나 성악가가 필요로 할 때면 캐스팅 0순위로 손꼽히는 그다.

약속 장소로 들어서는 최덕술의 콧수염이 꽤나 인상적이었다. "콧수염이 제 이미지 브랜드가 된 것 제가 수염 알레르기가 있어서예요. 왜 오페라 공연 때 캐릭터 때문에 수염을 붙이잖아요. 그때 알레르기 때문에 고생이 많이 했어요. 그래서 기르기 시작한 건데 생각지도 않게 잘 어울린다고 해서 계속 기르고 있습니다. 이젠 콧수염 성악가 최덕술로 통하지요"

그가 처음부터 음악인이 되기로 했던 것은 아니었다. 그는 사실 법대에 진학했던 법학도 하지만 교회에서 노래를 하면서 뒤늦게 성악가로 전환했다. 늦게 재능을 발견하고는 군대에 가자마자 음악 공부에만 매달렸다. 제대를 하고도 하루 종일 학교에서 연습에만 매진했을 정도였다고. 결국 그에게는 졸업하면서 대구시립교향악단에 들어가는 기회가 주어졌다. 하지만 이도 잠시. 그는 곧 직장을 포기하고 독일로 날아가 독일 국립 뒤셀도르프 음악대학원 과정에 들어갔다.

"음악 색깔을 다듬어, 더 높이 날기 위해서 택한 고생길이었다고 생각합니다. 피아

노 전공한 아내와 함께 반주를 하고 노래 공부를 했던 행복한 시절이었지요. 돌이켜보면 고생도 많이 했지만요."

그리고 그는 독일 공부를 마치고 성악의 본고장인 이탈리아로 날아가서 공부를 더 할 것을 결심하고는 이탈리아로 향하는 비행기에 몸을 싣는다. 졸업할 때쯤, 이탈리아에서 제법 유명한 오페라단에서 무대에 올리는 〈라보엠〉 오디션을 봤는데 덜컥 주인공으로 합격한 것이었다.

이때부터 그의 인생이 펴기 시작하나 했지만 그것도 잠시였다. 이탈리아에서 인정받기 시작할 즈음, 몸이 아파 귀국을 했다. 하지만 고국에서는 아무도 그를 받아주지 않았다.

"1년 동안 청도 인근에 위치한 조용한 호숫가에서 하루 종일 연습하고 책만 보는 일에만 매달렸어요. 참 암담했던 시간이었습니다. 그래도 다른 직업을 택할 생각은 좀처럼 들지 않았지요. 그때 만일 포기했더라면 지금의 저는 없었을 테니까요." 그는 오로지 성악가로만 인정받고 싶어 죽도록 연습했다. 지금의 그를 만든 것은 이 뚝심이다.

사실 그는 성악가로서 작은 체구는 아니지만 큰 체구도 아니다. 그런 그가 갑자기

배를 만져보라고 해서 쿡 눌러봤는데 손가락의 한 마디도 허용하지 않는 단단한 근육이 손끝에 닿았다.

"성악가는 몸이 악기잖아요. 악기가 병들고 아프면 노래도 병들고 아파서 좋은 음악을 할 수 없어요. 60대가 되어서도 건강한 몸을 악기로 만들기 위해서 부단히 노력해야죠"

그가 제일 잘 부르는 노래가 무엇인지 물어봤다. 오페라 〈투란도트〉에 나오는 '공주는 잠 못 이루고'를 제일 좋아한다고 했다. 다들 잘 어울린다고 칭찬을 해 주기 때문이란다.

그의 생활신조도 예술가답다. "정직한 예술가가 되고 싶어요. 음악인으로서 제 자신을 실망시키지 않도록 더 고민하고 채워 나가야죠. 음악은 언어와 같아서 솔직함을 담아야 진실로 전달되죠. 그러니까 더 정직하게 대하고 노래해야겠는 생각뿐입니다."

한 3시간 남짓을 얘기하는 사이에 주변도 어두워졌다. 그가 얘기한 마음의 열정을 담은 정직한 노랫소리가 그가 말하는 몸이라는 악기 속에서 평생 울렸으면 하는 생각이 들게 만드는 사람이다.

음악인 배철수

"안녕하십니까? 배철숩니다."

"(특유의 배철수의 목소리) 안녕하십니까? 배철숩니다. 오늘도 신나고 즐겁게 시작합니다."

KBS 7080 콘서트 녹화장에서 만난 배철수는 호탕해 보였다. 트레이드마크가 되어버린 콧수염과 하얀 눈발이 내려앉은 듯 희끗희끗한 머리. 지난 세월이 힘든 시간이 아니라 즐거운 인생이었다고 대변해 주는 것만 같아 보였다. 그는 청바지와 캐주얼한 재킷 차림으로 녹화를 마치고 분장실로 내려왔다.

말 한마디를 던진 뒤 터져 나오는 그만의 특유한 호탕한 웃음소리는 인생을 즐겁게 살아온 그의 삶의 모습과 신념이 그대로 녹아 있는 것처럼 보였다. 그는 이렇게 말문을 연다.

"7080 음악을 좋아하는 분들은 문화 욕구가 강렬해요. 그 시대에는 다들 그랬잖아요. 뭔가 세상을 향해 외치고 싶었던 분들이었으니까 더 그런 거죠. 어쨌든, 노래를 통해 마음을 달랜 세대들이잖아요. 7080 콘서트 프로그램이 단순하게 옛 향수만을 자극한 게 아니라 공감대를 형성한 거죠"

이제는 7080 세대의 상징처럼 되어버린 그 배철수를 음악 프로그램의 진행자로만

알고 있는 사람들도 많지만 그는 한 시대를 풍미했던 로커였다. 세상을 향해 고함이라도 실컷 내고 싶었던 시절, 항공대학교 출신인 그는 '활주로'라는 이름의 밴드를 결성했고 1978년도에 열린 제1회 해변가요제에서 '세상모르고 살았노라'로 인기상을 받았다. 그리고 그해 개최된 제2회 MBC 대학가요제에서 '탈춤'으로 입상하면서 가수 생활을 시작했다. 그 당시 그의 노래는 선풍적인 인기를 넘어선 세상을 향한 몸짓이자, 외침이고 울림이었다.

하지만 그는 이제 가수로서가 아니라 음악을 사랑하는 한 사람으로서 살아가고 싶다고 했다. 무슨 말일까? 그의 부연 설명을 기다렸다.

"가수로 음악 활동을 하지 않는 이유는 음악적 한계를 느꼈기 때문입니다. 언제부터인가 제 노래가 전부 NG인 것 같아요. 가수로서 욕심을 부리고, 더 좋은 음악을 만들어야 하지만 제 한계가 거기까지인 거죠."

어느 예술가가 개인의 작품에 만족스러울 수 있겠는가. 그런 그의 마음이 조금은 이해할 수 있을 것 같았다. 그는 계속 말을 이었다. "제가 그렇다고 음악을 버린 것은 아니잖아요. '배철수의 음악캠프'와 '7080 콘서트'를 진행하는 이유도 그곳에 음악이 있기 때문이고, 그 노랫소리와 늘 함께할 수 있다는 것이 제게는 행복이죠"

그는 "인생에서 첫째가 가정이고, 그 다음이 일"이라고 했다. 일에만 파묻혀 살기보다는 가족 안에 행복을 담고 살면 인생의 다른 모든 부분들까지도 행복할 거라는 게 그의 생각이다.

이 말을 듣고 나서 그의 좌우명을 물었다. 그의 대답이 걸작이다. 즐겁게 살아가려는 사람에게 무슨 좌우명이 필요하겠느냐고 묻는다. "신년초 역시나 늘 그랬듯 올 한해도 '즐겁게 살자'로 정했습니다. 나이에 맞는 즐거움을 찾아가면서 살아야겠죠"

이런 그의 신념은 아이들에게도 똑같이 통한다. 사교육 열풍 때문에 이래저래 고통받는 요즘 아이들. 하지만 배철수는 아이들에게 '인생을 즐기라'고만 이야기한단다.

"대학 졸업하고 사회생활하고, 결혼해서 안정된 나이인 40~50대부터 인생을 즐기라는 것은 모순이죠. 현재를 즐기는 것이 중요합니다."

욕심을 접고 시간과 마음을 세상에 툭하니 던져놓은 음악인, 배철수. 그를 만나 유쾌하고 행복했던 시간이었다.

개그맨 오지헌

"어려울수록 '희망'이 있어야… 기운 내시라고 빨간 내복 입고 거리에 나가…"

"안녕~. 나안 '민'이라고 해. 얘들아~. 너 안에 내가 있다. 나한테는 세 가지 매력이 있는데 너희한테만 가르쳐 줄게. 하나는 잇몸, 두 번째는 눈, 세 번째는 얼굴이야. 하하하!"

개그콘서트 '패션 7080' 코너에서 절묘한 의상을 입고 나와 관객을 포복절도하게 만드는 개그맨 오지헌의 유행어들이다. 그의 유행어엔 가공되지 않은 자학적 진실성을 담고 있다.

자신의 단점을 장점으로 바꿔 친근한 개그를 선보이는 오지헌. 개그콘서트 녹화장에서 만난 그는, 예쁜 털모자를 푸욱 눌러쓰고 몸에는 헐렁한 바바리코트를 걸친 모습이었다. 자세히 들여다보니 '슈퍼맨' 복장이다. 또 한 번 웃음이 터졌다. 녹화 순서가 한참 남았는데도 여전히 복장을 갖추고 대기실에서 한창 연습에 열중하고 있었다.

오지헌의 '빨간 내복 거리 퍼포먼스'는 사실인가 물었더니 "합성이 아닌 사실 그대로"라고 말한다.

"내가 즐겁지 않고서는 다른 사람에게 웃음을 줄 수 없다고 생각합니다. 대한민국 국민이 절 보고 웃는 그날까지 더 가까이 찾아가서 즐겁고 편안한 웃음을 주고 싶어요

그래서 오늘도 거리로 나갑니다." 이게 오지헌 식 개그다.

　　그는 만화적인 상상력을 평소 즐긴다고 했다. 반대로 생각해보기. 예를 들어서 못생긴 사람이 잘난 척하면 어떨까, 내 단점을 장점으로 얘기하면 어떤 반응들이 나올까 등을 끊임없이 생각해 본다. 그래서 나온 것이 빨간 내복이다. 이것을 입고 거리로 나가면 시민들 반응이 어떨지 궁금했단다. 그의 거리 개그 철학에는 신념이 있다.

　　"한번은 빨간 내복을 입고 결혼식장에 무작정 찾아갔는데 베트남 아가씨하고 결혼하는 날이었어요. 분위기가 좀 우울해 보였거든요. 근데 저희들을 보더니 깜짝 놀라는 거예요. 다행히 즐겁고 웃음이 있는 결혼식이 되었어요. 내복차림으로 식사도 같이 했는데 나중에는 다들 좋아하시는 거 있죠. 절 보면서 웃는 게 아니라 늘 웃음을 같이하는 삶, 카~ 그게 중요하잖아요."

　　오지헌이 개그맨이 된 것은 2003년 4월에 KBS 공채 개그맨 18기로 데뷔하면서 부터다. "군대에서 제대할 무렵이었는데 막연히 개그를 하고 싶은 거예요. 특별하게 연습한 것은 없었지만 시험장에서 옥동자 정종철 형 흉내를 냈습니다. 너무 똑같다고 하면서 분위기가 좋았고, 운 좋게 개그맨이 된 겁니다."

하지만 못생긴 옥동자 흉내로 데뷔하고, 그런 자신의 얼굴을 '무기'로 포복절도하게 만드는 오지헌이 갑자기 정색을 하고 말했다.

"이제부터는 이미지를 확 바꿀까 합니다. 사실 저 어려서는 잘생겼거든요. 난~, 잘생긴 민이라고 해. 내 안에 네가 있다." 정말 웃겼다. 그의 이미지 때문인지 말을 듣자마자 폭소가 터져 나왔다. 그러다가 자세히 보니 정말 잘생긴 것도 같다. "사진을 보시면 입증됩니다. 잘생긴 오지헌으로의 변신, 이제부터는 제 개그 버전도 미남 개그로 바뀝니다. 잘생겼으니까."

그는 스스로가 즐거운 마음으로 웃을 수 있는 준비가 돼 있을 때 남들을 웃게 만들 수 있다고 했다.

"개그 프로는 경제가 어려울 때 더 많이들 보시는 것 같아요. 힘들고 답답하니까 웃고 싶으신 거죠. 어려울수록 돈이 중요한 게 아니라 '희망'이 있어야 하잖아요. 작은 돈을 벌지언정, 즐겁게 살아야죠. 그래서 절 보고 웃으시고 기운도 더 내시고 웃고 사시라고 오늘도 빨간 내복 입고 거리에 나가는 겁니다. 즐거움 마음으로요. 우하하하, 힘내세요!"

즐거움을 먼저 담고 개그를 하는 오지헌, 그를 만나면 그래서 더 즐겁고, 유쾌하고, 반갑다.

아역배우 김향기

천부적인 배우로서의 재능을 가진 아역배우

동대문 한복판에서 영화 〈방울토마토〉를 촬영 중인 아역배우 김향기 양을 만났다. 향기는 카메라가 돌아가자마자 금세 눈물을 쏟아낼 것 같은 눈동자로 감정에 몰입한다. 일곱 살 어린 소녀의 연기라고 도저히 믿어지지 않은 만큼 노련함을 더한 성숙한 내면 연기까지 담아낸다. 촬영장 주변은 한 아역배우에게 자연스럽게 집중할 수밖에 없는 분위기다.

이 어린 꼬마 소녀가 어른들의 마음을 울린 주인공이다. 지난해 개봉한 영화 〈마음이〉에서 소이 역을 맡아 어른들의 눈물을 쏙 뺐다. 촬영이 끝나자마자 향기를 알아보고 함께 사진을 찍자며 달려오는 팬들이 적잖게 눈에 띈다. 팬들이 알아보고 같이 사진까지 찍으면 귀찮을 법도 한데 아무런 내색 없이 웃음으로 보답한다. 인터뷰를 시작하자 향기는 엄마 품에 꼭 안겨있고 엄마가 침착하게 말을 잇는다.

"연기를 가르치려고 특별하게 연습을 시키고 배워본 적은 없어요. 생후 27개월 때, 우연찮게 CF 감독님이 얼굴이 너무 좋다면서 광고 촬영을 한 게 인연이 됐어요. 광고가 향기의 연기를 가르친 셈이죠"

향기는 이때부터 파리바게트, KTF, 삼성파브와 아파트 광고까지 굵직한 광고를

여러 편 찍으며 광고주들로부터 성인배우 못지않게 러브콜을 받는 스타급 아역 광고 모델이 됐다. 화장품 광고만 빼고는 웬만한 것은 다 해본 셈.

"다섯 살 때부터 감독님 말을 알아듣기 시작하더군요. 감독님이 그날 촬영하게 될 상황을 설명하면 향기는 놀라울 정도로 이해하고 표현을 해냈어요." 실제로 향기는 이날 촬영장에서도 충분하고 넘칠 정도로 역할을 소화해내고 있었다.

"대견스럽기도 하지만 한편으로는 안쓰럽죠. 촬영장 날씨가 춥거나 아이가 감당하기 어려울 정도의 환경이 되면 너무 미안하답니다. 다행이 아이가 너무 좋아하기 때문에 원하는 만큼 계속 뒷바라지할 생각이에요."

나이가 어린데 대사 암기는 어떻게 하는지 물었다. "대사만 집중적으로 외우게 하지는 않아요. 먼저 상황을 이해시키죠. 가령 '등장인물이 지금 이런 상황이고 슬픈 감정인 거 같은데 너는 어떻게 생각해?' 하고 물으면, 향기가 자기 생각을 말해요. '그럼, 그렇게 하면 되는 거야'라고 말해주면 이해를 했는지 감정 몰입이나 대사 암기를 신기할 정도로 너무 잘해요."

날이 어둑어둑해질 때까지 진행된 촬영에서 향기는 단순히 대사를 외워 감정을 전달하는 게 아니라 마치 등장인물이 된 듯 엄청난 집중력으로 배역을 소화해냈다. "한번은 손톱이 시커먼 거예요. 그래서 손톱 깎아주려고 했더니 그냥 놔두라더군요. 영화 〈방울토마토〉에서 손녀딸 다성이 역을 맡았는데 향기가 말하기를 '엄마! 손톱 깎으면 그 아이답지 않잖아. 그냥 놔두는 게 좋겠어'라고 말해서 깜짝 놀랐어요." 엄마 품에 안겨 있던 향기가 엄마 얼굴을 물끄러미 바라본다. 그 표정이 어찌나 귀엽던지.

향기는 인터뷰에 대한 부담감이 많단다. "한번은 촬영장에서 막 울고 있는 거예요. 인터뷰를 하는데 아직 어리니까 언어표현에 한계가 있잖아요. 질문자가 향기를 배우로서 대하니까 그 이상을 물어보면 향기도 힘들었는지 막 울더라고요. 뭐라고 이야기는 하고 싶은데 표현이 안 되니까." 어느새 엄마 품에서 뛰쳐나와 스태프들과 놀고 있는 향기는 여느 아이들과 다를 게 없어 보인다.

향기는 어떤 배우들 좋아하는지 물었다. "탤런트 김선아 씨를 정말 좋아해요. 선아 씨도 향기를 너무 예뻐해 주지만, 향기도 선아 언니처럼 예쁘고 연기 잘하는 배우가 되고 싶대요." 향기와 촬영을 해본 사람들은 한결같이 타고난 배우라고 칭찬을 아끼지 않는다.

큐 사인이 떨어지기 무섭게 눈물이 주르륵 흐를 정도로 타고난 배우. 어린 소녀의 무서운 감정 집중력은 잘 울 줄 아는 어린 배우라서가 아니라 천재적인 배우로서 손색이 없다.

"이번 영화가 두 번째 출연하는 영화예요. 영화 〈마음이〉를 끝낸 뒤 함께 일해보자는 분들이 많았는데 〈방울토마토〉 대본을 받고 읽어주니까 너무 마음에 들어 하더군요." 향기는 대본을 받고 엄마가 한 번 읽어주면 금방 이해해서 자기가 먼저 뭘 준비하고 해야 될지 알고 촬영을 한다고 말한다. 천부적인 배우로서의 재능을 가진 향기, 세상이 가만 놔두지 않을 거라는 생각이 들었다.

코미디언 장동민

"그까이 꺼 대~충" 코미디언 장동민

새벽 1시가 넘은 늦은 시간에 맥주캔을 앞에 놓고 코미디언 장동민과 마주앉았다. '그까이 꺼, 대~충'의 경비 아저씨로 알려진 배우. 그는 요즘 개그 프로뿐만 아니라 영화도 찍으며 몸이 서너 개라도 모자랄 정도로 장르를 넘나드는 활동을 펼치고 있다. 유행어 하나로 성공해서 버티고 있는 것이 아니라 그는 늘 새로운 캐릭터에 몰입하고 집중해 새로운 것을 만들어내는 재주를 선보이는 것이다.

장동민은 "'그까이 꺼 대~충' 경비 아저씨로 알려졌지만 이제는 날 만나면 '그까이 꺼 장동민'으로가 아니라 유행어를 생각하지 않는 일반적인 코미디언으로 보여져서 더 좋다."고 했다. 언제든지 캐릭터는 만들 수 있는 것이지만 배우가 캐릭터에 고정화 된다는 것은 어려움이 클 것이라는 생각 때문이다.

장동민은 2004년도에 KBS 코미디언 공채가 되자마자 '네비게이션'이라는 코너로 개그콘서트에 데뷔하면서부터 무서운 속도로 달려 나가더니 1년 만에 KBS 코미디 연기 신인상을 받았다. 이렇게 빠른 성공이 가능했던 것은 데뷔 전부터 유세윤, 유상무 등과 개그트리오 '옹달샘' 팀을 만들어 아이디어를 짜내고 함께 뒹굴었던 시간들이 뒷받침이 됐기 때문이다.

　그는 "서로가 바빠지면서부터는 제대로 된 공연을 할 수 없어 늘 안타깝게 생각하고 있다."고 했다. 그가 꿈꾸는 것은 색다른 코미디 공연문화.

　"개그는 특성상 개그맨이 보여져야 더 많은 웃음을 유도하고 자극적인 웃음을 유발할 수 있지만, 드라마가 있는 코미디 공연은 극이 더 보여져야 합니다. 그런 거 있잖아요. 버라이어티한 코미디 공연이지만 드라마로서 균형감 있는 코미디 연극. 코믹한 등장인물로 해학과 감동을 줄 수 있는 그런 역할로 하고 싶습니다."

　연극을 해서인지 배우에 대한 욕심도 남달랐다. 장동민은 "기회가 되면 드라마를 하고 싶다."며 "캐릭터로서만 보여지기보다는 등장인물의 마음과 정서도 함께 표현하는 배우의 역할도 한번 해보고 싶다."고 했다.

　사실 그는 주어진 일을 대충하는 법이 없다. TV에서 보여준 경비 아저씨 캐릭터나, 폭소클럽 369에서 보여준 우스꽝스러운 바보 모습이 아니라 가끔씩은 너무 진지하다 싶을 정도로 다른 버전을 보인다. 장동민은 요즘 개그콘서트 '대화가 필요해' 코너에서 보여지는 '아들'의 캐릭터를 닮았다고 할까. 주눅이 들고 우울한 진지함이 아니라, 수십 번 생각해서 뱉는 한마디가 사람들을 포복절도하게 만드는 코미디언이 바로 장동민이다.

　장동민이라는 코미디언이 뜨면서 그의 아버지도 TV를 통해 데뷔했다. 부담감이 클 법도 하지만 그는 "요즘은 아버지가 많이 활동하고 계셔서 좋지 뭐. 나보다 더 유명해요."라며 사람 좋게 웃어 보인다. 그는 아버지가 출연한 방송 프로그램은 아무리 바쁘더라도 놓치지 않고 볼 정도로 열혈 팬이다. "아버지가 출연하는 프로그램 보면 얼마나 재미있는데…. 정말 상상을 초월한다니까요. 웃겨죽어."라는 장동민을 보니 본인도 평소에 느끼지 못했던 아버지의 캐릭터가 더 정감 있게 느껴지는 모양이다.

　코미디언은 늘 웃길 것만 같지만 사석에서 만나니 오히려 보통사람들보다 더 무겁다. 한마디를 던지고 그 말을 받는 시간이 너무나도 길어 '왜 코미디언이 됐을까'라는 의심을 품을 정도다. 하지만 그는 장동민이라는 사람에 대해 다시 한 번 곰곰이 생각하게 만드는 묘한 재주가 있는 사람이었다. 늘 새로움을 품고 거대한 세상을 껴안고 달려가려는 그에게 새해에도 늘 좋은 일만 가득하기를.

김건표의 스타토크, 세상과 소통하다

인터뷰의 기술

발행일	2025년 10월 31일(초판 1쇄)
ISBN	979-11-995179-0-5 03680

지은이	김건표
펴낸이	진우성
펴낸곳	다산서림
주 소	01054 서울특별시 강북구 도봉로 369, 4F
등 록	2019년 10월 2일 / 제2025-000043호
전 화	010-9910-7545
이메일	dasan-book@daum.net